商周出版

人與宗教 43

佛像藝術欣賞與
居家擺設

【出版緣起】

朝聖者的信仰之旅

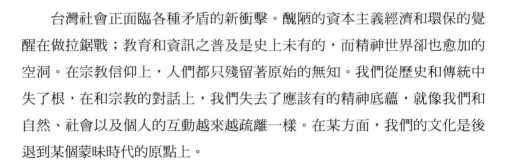

商周出版社顧問——林宏濤

　　台灣社會正面臨各種矛盾的新衝擊。醜陋的資本主義經濟和環保的覺醒在做拉鋸戰；教育和資訊之普及是史上未有的，而精神世界卻也愈加的空洞。在宗教信仰上，人們都只殘留著原始的無知。我們從歷史和傳統中失了根，在和宗教的對話上，我們失去了應該有的精神底蘊，就像我們和自然、社會以及個人的互動越來越疏離一樣。在某方面，我們的文化是後退到某個蒙昧時代的原點上。

　　然而人類對超越界的渴望和上古史一樣的久遠，也始終存在於深層的靈魂之中。在遠古時代，或是現代的某些部落裡，宗教不只是人與超越者的關係，也是對於世界乃至宇宙的認知進路。文明化的歷程使得人類朝聖的動機更加多元化；無論是在集體潛意識中遺傳下來的衝動、對崇高的造物者的震懾或受造感、或是對生命終極關懷的探索、苦難的解脫，甚至只是在紛擾的現代生活中尋找一個桃花源，儘管這些內在的聲音在城市和慾望的喧囂中顯得特別微弱，但是人們對超越界的追尋卻始終沒有停止過。

　　在彼岸的是諸神，在塵世的是人類，而宗教是人和神相遇的地方。它也是神人互動的歷程。在這朝聖之旅當中，我們有說不完的感動、恐懼和迷惑；而世界不同角落的人們也以不同的方式和不同形式的神祇溝通交往。因為宗教既是社會的，也是個人內心的；宗教曾經既是社會結構的穩定性形式，也是個人心靈的寄託。在個人主義的現代社會裡，宗教更是內在化為生命意義和存在故鄉的自覺探索。

　　除了生命價值和根源的追尋以外，道德的實踐，人格的成就，和淑世的理想，更是宗教的存在根據。從字源學看religio（拉丁文的宗教）的可能

意義，可以了解宗教的倫理面向，它可能是religere（忠誠的事奉和歸屬），或是religare（與自身的源泉或終點相連），而因為人可能遠離他的故鄉，所以它也可能是reeligere（重新選擇去活在這源泉或終點裡）。如此我們便形構了一個生動的宗教圖式：人虔誠的遵循神的誡命，藉以與神同在，而人也會墮落，因此也會悔罪回頭。在許多宗教，如佛教、耆那教、拜火教、猶太教、基督教、以至於伊斯蘭教，倫理一直是他們的重要課題。法句經說：「諸惡莫作，眾善奉行，自淨其意，是諸佛教。」釋迦牟尼觀察緣起法的生死流轉，依八正道而解脫，以世間正行端正自己，清淨自己的行為而得正覺，這是人類精神自由的完美典範。理性主義興起後，宗教的道德意義由德性的實踐到道德良知根源的反省，進而推及生命的愛，新的人文主義從這堅實的倫理世界獲得源頭活水，或許也是宗教的新生。

《人與宗教》系列叢書，就像每個朝聖之旅一樣，試著從宗教的各個面向去體會人和宗教的對話歷史，使人們從各種信仰思維中沉澱下來，理性地思考「宗教是什麼」的基本問題。我們將介紹宗教學的經典作品，從神學、宗教心理學、宗教社會學、宗教哲學、比較宗教學到宗教史，為有興趣研究宗教現象的讀者基礎的文獻；另一方面，我們也想和讀者一起分享在世界每個角落裡的朝聖者的經驗，可能是在修院、寺廟、教會裡，也可能在曠野、自然、城市中，也包括他們在工作和生活當中對生命的體會。

在各個宗教裡，朝聖有個重要的意義，那就是暫時遠離生活的世界，經過旅行的困頓和考驗，最後到達聖地，那裡是個神聖的地方，是心靈的歸鄉。我們希望在《人與宗教》的每一本書裡，都能和讀者走過一次朝聖者之旅。

【目錄】

出版緣起　朝聖者的信仰之旅／004

第一部　佛像的演進歷史⋯⋯⋯⋯⋯⋯⋯⋯⋯009

第1章　佛法初傳・佛教造像的傳入　010
第2章　來世光明・佛教造像的發展　012
第3章　隨方顯化・佛教造像中國化　015
第4章　化身萬千・現代的佛教造像　019

第二部　佛像的特徵解說⋯⋯⋯⋯⋯⋯⋯⋯021

第1章　功德瑞相・佛像身形與手印　022
第2章　吉祥法寶・佛教的法器　030
第3章　奇獸異禽・佛教動物與佛菩薩坐騎　043

第三部　佛像的藝術欣賞⋯⋯⋯⋯⋯⋯⋯⋯049

一、佛部⋯⋯⋯⋯⋯⋯⋯⋯⋯⋯⋯⋯⋯⋯⋯050
1.釋迦牟尼佛、2.阿彌陀佛、3.藥師佛、4.長壽佛
5.不動佛、6.金剛薩埵、7.金剛總持

二、觀音部⋯⋯⋯⋯⋯⋯⋯⋯⋯⋯⋯⋯⋯⋯082
漢式常見觀音形象：1.白衣觀音、2.持珠觀音
3.水月觀音、4.楊柳觀音、5.多羅觀音、6.魚籃觀音
7.一葉觀音、8.合掌觀音、9.獅吼觀音

藏式常見觀音形象：10.千手千眼觀音、11.四臂觀音
12.準提觀音、13.白度母、14.綠度母、15.紅度母

三、菩薩部 ⋯⋯⋯⋯⋯⋯⋯⋯⋯⋯⋯⋯⋯⋯⋯⋯⋯⋯⋯ 124
1.文殊菩薩、2.普賢菩薩、3.地藏菩薩、4.日光菩薩
5.月光菩薩、6.彌勒菩薩、7.大勢至菩薩

四、羅漢部 ⋯⋯⋯⋯⋯⋯⋯⋯⋯⋯⋯⋯⋯⋯⋯⋯⋯⋯⋯ 152
1.摩訶迦葉尊者、2.羅怙羅尊者、3.迦理迦尊者
4.彌勒尊者、5.跋陀羅尊者、6.達摩尊者

五、藏傳佛教上師部 ⋯⋯⋯⋯⋯⋯⋯⋯⋯⋯⋯⋯⋯ 166
1.蓮華生大士、2.忿怒蓮師、3.帝洛巴祖師、4.馬爾巴祖師
5.密勒日巴祖師、6.岡波巴祖師、7.宗喀巴祖師

六、其他常見佛教神像 ⋯⋯⋯⋯⋯⋯⋯⋯⋯⋯⋯⋯ 178
1.伽藍護法、2.韋馱護法、3.不動明王、4.馬頭明王金剛橛
5.咕嚕咕列作明佛母、6.卡雀佛母、7.白財神、8.黃財神
9.財寶天王、10.五方佛塔

第四部 佛像的居家擺設 ⋯⋯⋯⋯⋯⋯⋯⋯⋯⋯⋯⋯ 199

第1章 眾寶莊嚴・佛像的材質 　　　　　　 200
第2章 心無罣礙・佛像的開光事宜 　　　　　 209
第3章 佛化人生・如何於居家擺設佛像 　　　 217
第4章 靈山淨土・如何設置居家佛堂 　　　　 226

附錄一：參考書目／234
附錄二：佛像與法器購買情報／235

【第一部】

佛像的演進歷史

第 *1* 章 佛法初傳
佛教造像的傳入

✿ 法身無形

　　佛教，擁有兩千多年歷史的世界性宗教，由於早期原始佛教注重經典與修行，對於佛陀形象描寫的重要性遠不及經典教義的傳授，甚至認為造像可能會褻瀆佛陀的神聖性，因而禁止塑造佛像。從考古發現各個佛陀時代的遺跡可以了解，為了避免將佛陀當作神祇盲目崇拜，早期佛教徒通常都以法輪、菩提樹、佛足印等圖騰來代表佛陀。

　　隨著佛教在印度持續發展，出家僧團與信徒大量增加，特別是大乘佛教興起之後，傳播各地，隨著各地風俗不同，開始出現為佛陀造像的情況，人們憑著對佛陀的景仰，將現有的雕刻塑造藝術應用於佛像，因此佛像出現了西方人的深邃五官、健美肌肉線條等等，並在各地風俗文化中發展出具有特色的佛教造像藝術，例如西域的大月氏於印度北方建立的貴霜王朝，其中犍陀羅與秣菟羅兩地便是塑造佛像的藝術重地，成為早期佛像藝術的代表風格。於此同時，佛教的種子也逐漸傳播到中國。

✿ 西來金人

　　據信史記載，西漢末年的博士弟子景盧出使西域，在大月氏國得《浮屠經》開始，佛教便開始與中國結下不解之緣。最著名

的佛法傳入故事即是東漢明帝「夜夢金人」，派遣使節前往天
竺求法，在西域遇迦葉摩騰、竺法蘭兩位尊者，於是攜梵
本經以白馬運載抵達洛陽，明帝於洛陽城外為兩位高僧
建造白馬寺，這正是中國寺院之始，高僧在此翻譯出
《四十二章經》，從此佛教在中土宣揚。

　　初期流傳的佛教造像畢竟不多，目前要了解東
漢時代的佛教造像僅能經由各地的摩崖石刻、出土
文物得知，同時佛教傳入漢地初期與道教、巫覡等
本土宗教信仰也有相互磨合與模仿的時期，因此出
土的文物，佛像並不那麼容易辨別，也尚未形成明
顯風格。

　　東漢至三國時代的佛像通常見於山崖石刻、
殯葬用的魂瓶、搖錢樹等用品，或是部分銅飾品、
銅鏡等物，由於佛教初傳中國，與本土宗教進行交
流，因此這時期的佛像與仙人、祥獸並列，佛像大多
結禪定印坐相或施無畏印坐相，作為吉祥象徵或與其
他題材併用，沒有過多專屬佛教的色彩。

⌘ 佛教小常識 ⌘

❖ **魂瓶**　陶土材質，又稱穀倉瓶，多作為陪葬之
　用，上方裝飾的樓閣人物用來代表主人的權勢財
　富。

❖ **搖錢樹**　漢代人會製作銅錢樹做為墓主人的陪葬
　品，在樹枝上會有諸多仙佛或神獸作為裝飾。

第2章 來世光明
佛教造像的發展

 亂世濁泥生淨蓮

　　三國、魏時代結束，北方中原地區進入五胡十六國的混亂時期；南方東晉延續三國江南吳地崇佛的風氣，持續發展佛教，隨著佛教弘傳，佛像開始被大量製作。北方政治軍事混亂，卻因統治者多為胡人而非漢族，因此信仰同為外地傳入的佛教，同時發展各種佛教造像藝術，胡漢文化交融之下，創作出別具時代特色的作品。我們觀看同時代的佛像作品可以發現，有些佛像的臉部呈漢人特徵、有些卻明顯呈現西域人的捲髮落腮鬍及衣飾。

　　這個時期，不論北方或南方均出現不少名留千古的高僧，來自西域的譯經大師，如鳩摩羅什、曇無讖、佛馱跋陀羅等，本土的出家僧眾也不遑多讓，道安、慧遠、僧肇等大師也在這個時期大鳴大放。高僧們譯經說法與建寺授徒，大量佛教造像的需求浮現，西域工匠與中原工匠相互交流之下，以西方佛像為範本，加上中原文化的特色，佛教造像開始進行漫長

● 鳩摩羅什　　● 慧遠大師

的融合與進化過程。在這樣的文化背景之下，留下許多當代的佛像例證，主要有石窟佛龕、小型石佛塔以及金銅造像等等。

　　在統治者接受佛教信仰之後，僧人傳播造佛塔、開鑿石窟能求今生權勢、來世福報且免除災厄，說服統治者與權貴階層投入開鑿石窟的工程，目前所見最早年代的石窟「甘肅炳靈寺的一六九號窟」，正是五胡十六國時期的西秦所遺留下來，窟內的佛像雕刻帶

有明顯的印度犍陀羅風格，並且混合部分秣菟羅風格。這些佛像高大壯碩、肩寬、身材修長，衣著通肩（將袈裟從脖子以下緊緊包住身體，並非平常露出右手臂的穿法）或偏袒右肩，袈裟看似緊貼身體，有U字型波浪狀紋路。

十六國時期，人們開始運用以金銅鑄造佛像的方式，以展示佛像的尊貴莊嚴，在銅鑄佛像上使用鎏金技法，讓整尊佛像金光閃閃，美觀又容易保存，雖然佛身的樣貌表現仍模仿印度犍陀羅風格，但是這種以鎏金製作佛像的方式大大影響了佛教各宗派的造像，甚至可以這樣分類：印度宗教的神祇以石雕為表現方式，中國道教神祇以木雕為表現方式，佛教則選擇以金銅造像為表現方式。

這時期的佛教雖然是外來的新宗教，然而統治者大力支持，且造像立塔累積功德利益的思想大量被社會各階層吸收，貴族官宦出資興建塔廟以求續享榮華富貴，平民百姓參與石窟開鑿可獲得工資及祈求免除來世的勞苦病痛，這些都可由佛像底座或背面銘文上的記錄，了解到當時人們製造佛像的宗教動力。

世無常，興衰更迭

五胡十六國時期結束後，中國仍未恢復一統局面，北方陸續有北魏及後來的東魏、西魏、北齊、北周等王朝統治，其中除了北魏有太武帝崇道滅佛的事件之外，大部分北朝帝王都推崇佛教信仰，中國佛教史上第一次「法難」也恰恰顯示佛教在中國已然興盛。

南方東晉滅亡之後，由宋、齊、梁、陳四個朝代統治，南朝一百六十餘年的光陰，歷經四個朝代更迭，戰事不絕，人民大多流離失所，希冀脫離現世苦痛，轉而信仰佛教對於來生福報的追求，帝王貴族們對佛教的信仰熱情也不亞於平

❈ 佛教小常識 ❈

❖ **犍陀羅** 印度古國之一，在現今巴基斯坦西北部，由於地處東西方交會，其造像風格受到希臘羅馬的人體寫實特色所影響，並融合了印度本土、波斯等藝術而自成一格，多以浮雕表現，佛首不以螺髮為式而以西方人的波浪狀髮型為主，臉貌面容也較似西方人而不同於印度人。

❖ **秣菟羅** 為中印度古國，在笈多王朝時代，由於王族支持佛教，獎勵發展固有文化與藝術，以印度本土的造像風格融合犍陀羅的佛教藝術風格，而創立新的秣菟羅風格，其佛像多為薄衣透體且衣紋細密勻稱。

民百姓，最著名的是有「皇帝菩薩」之稱的梁武帝，他甚至頒布「斷酒肉文」，主張持齋食素的做法至今仍影響中國佛教。

● 梁武帝

南朝皇室崇佛及佛教信仰在歷史上多有記載，但大多數佛寺壁畫、佛像雕塑早已湮滅於戰火中，南朝佛教藝術的實品並無太多存世。

東晉末年劉宋期間，由於佛教的興盛及寺院的裝飾需求，當時出現了幾位佛教藝術名家，像是佛雕大師戴逵、戴顒父子，精專佛畫的陸探微，梁代名重一時的佛畫大家張僧繇等，南朝的佛教造像已開始出現漢式風格，衣飾明顯有漢式特色，佛像臉部也越顯圓潤，佛像優雅華貴的形象與東晉以來清談文士的風範融合一體，這些特點不僅出現在石雕藝術，也在佛像繪畫上呈現。

北魏太武帝同時崇奉道教與佛教，尤其信仰新天師道的寇謙之，因懷疑沙門僧人與亂民有陰謀叛反之嫌，聽信讒言於太平真君七年（西元四四六年）下詔滅佛，殺害所有出家沙門並且焚毀經典、佛像，這次事件在中國佛教史上稱為第一次法難。

七年後，太武帝崩，北魏文成帝即位後再度恢復佛教活動，重新建設各地佛寺，歷經短暫的法難之後，佛教在北方快速復甦，發展更勝以往，直到隋代統一之前，雖然社會民生並非富足安逸，但因長久的動盪不安，驅使人們大量鑄造佛像以為後福，並在執政者的推動下大舉開鑿塔像洞窟，留下不少巧奪天工的歷史遺產，其中以莫高窟、雲岡石窟、龍門石窟等地的佛像造像氣勢宏偉，內容豐富多樣，堪稱西元五世紀以來中國石刻藝術的精華。隨著各種佛經的翻譯與推廣，佛像創作題材益發多元，例如《維摩詰經》的維摩詰居士，《妙法蓮華經》的釋迦、多寶二佛並座，也出現菩薩像的製作，如彌勒菩薩、觀世音菩薩等等。塔窟部分更是以「經變圖」作為教化百姓學習佛教內容的重要方式。

北方民族統治者的身材通常高大魁梧，因此北方的佛教造像藝術相對於南方各有差異，北方佛像由原先流行的清骨秀像轉為體相豐圓、敦厚樸實。這個時期亦有不少著名的石窟為其代表，像是安陽石窟、麥積山石窟與須彌山石窟等等。石窟的雕鑿除了主尊佛像，還包含大量的羅漢弟子、供養菩薩、護法眷屬等，雕刻題材的表現更為豐富，尤其敦煌莫高窟更是名聞中外，敦煌石窟的造像融合了西方與中土的風格，集印度、中亞、漢地風格為一體，至今仍吸引學者研究與信徒朝聖。

佛教造像的種類在北朝時代開始出現變化，從原先最多的釋迦佛與彌勒佛造像，轉而出現較多的觀世音菩薩像、半跏思維菩薩像，以及盧舍那佛和無量壽佛等佛像題材，這顯示《華嚴經》與《阿彌陀經》等經典逐漸受到人們的重視。

第3章 隨方顯化
佛教造像中國化

🏵 隋唐盛世，百花齊放

佛教從傳入中國至隋代大一統的局面，經歷五百多年歷史，在隋代之前，北周武帝的二次滅佛同樣重傷了中國佛教的發展，然而隋代歷任兩位君主，國祚僅三十餘年，但由於國土統一、國運風調雨順，百姓得以休養生息，提供了後來唐代盛世足夠的經濟基礎。

隋文帝與隋煬帝在佛教造像上的功績，足以從量的累積可見一斑，隋文帝重修舊像一百五十多萬尊，新造金銅、木石諸聖像也有一萬六千多尊；隋煬帝也重修舊像十多萬尊、新造三千多尊佛像。繪畫方面，隋代大量出現依據大乘經典的「經變圖」，同時金銅造

像出現多尊共台的新風格，在往昔金銅佛像的方座上，赫然矗立西方三聖加上二金剛力士以及獅子、供物等，相較於以往單尊佛像的形象顯得熱鬧許多。

　　唐朝貞觀、開元之治，讓佛教的信仰傳播與文化藝術得到空前的發展，唐代的譯經大師玄奘更得到唐太宗的支持，開設譯場；唐玄宗時天竺沙門善無畏、金剛智與不空帶來新的佛教宗派——密宗。不空曾替唐玄宗灌頂，甚至成為玄宗、肅宗、代宗三輩的帝師，密宗的發展一開始便獲得大力推廣，還有日本遣唐留學僧空海將所學的密法帶回日本，因而創立真言宗。

　　唐代國力鼎盛，天竺西域僧侶不斷東來，玄奘、義淨等高僧也去印求法，因此這時期的經典翻譯、義理教授以及修行實踐都有足夠的文化基底，逐漸發展出法相宗、華嚴宗、淨土宗、律、禪宗與密宗等各個佛教宗派。直到後唐武宗於會昌二年至五年下令毀佛，這正是中國佛教史上第三次法難「會昌法難」，才導致佛教勢力大減。唐朝時期畫聖吳道子、周昉等畫家的創作，使得佛教造像的風格完全中國化，吳道子的寺觀壁畫風格影響了宋元時期的畫風，周昉善繪仕女，其中圓光及竹的水月觀音，更是成為日後中國觀音造像的一大特點。雕塑方面像韓伯通、宋法智、楊惠之等人對高僧大德的法相雕塑幾乎做到栩栩如生，雖然他們的作品並未流傳流傳，但從日本保存的鑑真和尚像與同類型的高僧像，可略窺見當時的僧像藝術風格。

　　由於唐代密宗的興起，造像主題也顯豐富，特別是觀音造像的興盛及九華山金地藏信仰的興起，開始出現地藏菩薩比丘相的造型，其他如四大天王、密宗的馬頭明王、降三世明王等憤怒像也多所常見。唐代塑像或金銅鑄像，題材多變，也一改直立的刻板形式，改以姿態優美的三折枝式，明顯受到當時印度笈多王朝藝術風格的影響，裝飾瓔珞也變得更加華麗，可說是反映「人要衣裝，佛要金裝」的盛唐風華。

至於石窟方面，隋唐兩代的開鑿數量為歷代之冠，題材也因宗派大興而各有所異，隨著社會經濟繁榮，自由開放的風氣，工藝技巧登峰造極，因此創造出融合各種文化底蘊特色的佛教造像。

落地生根，大放異彩

五代十國戰端紛起，百姓再度陷入水深火熱之中，北方地區對佛教採取整肅政策，禁止私自出家、修建寺院，後周世宗更因財政窘困而下令毀佛，將各地金銅佛像熔毀鑄錢以充國庫；至於南方十國政治相對穩定，領導者仍繼續支持佛教，因此佛教仍有部分發展，吳越王造八萬四千小銅塔，內藏《寶篋印陀羅尼經》正是在此時期。

宋代時期士大夫階級與孔儒禮教的意識抬頭，佛教走向更中國化的發展，佛教信仰與民間信仰開始相混，因而出現不少中國式的佛教信仰，例如觀音法相由男轉女、布袋和尚相傳是彌勒菩薩化生、教化漁民念佛的魚籃觀音傳說等等，水月觀音的優雅造型普及於民間，時至今日仍為中國佛教徒崇奉的觀音造像。

宋代流行寫實的風格，因此佛像藝術與社會現況緊密結合，如果唐代的佛教文化是一種超完美的理想主義風格，宋代則是自然清新的寫實風格，佛菩薩像的雕刻變得平易近人且不失莊嚴之感，同時能表達豐富情感的十八羅漢、五百羅漢題材在此階段明顯有量的增加，這些作品儼然已達登峰造極之境，至今仍有不少佛像作品是摹刻宋代風格的造型，像水月觀音、白衣觀音、彌勒羅漢、地藏菩薩等。

與宋朝幾乎同時期的鄰國遼、金、西夏、大理等國，同樣信奉佛教，也各自建造廟宇、鑄作佛像，這時期的佛像創作承襲了唐代遺風、融合南宋寫實風格、加上契丹族本身的豪

●白衣觀音

邁與審美觀三種特色融為一體，然而滅遼（契丹族）的金國（女真族）有鑒於遼國的過度崇佛，因而加以限制，在佛教造像上反而不如遼國發展；至於西夏，同時受到漢傳佛教與西藏佛教的影響，兩種風格的佛像與佛寺在西夏境內屢屢可見，這時期所見的漢傳佛教題材是以中原技法表現，西藏佛教題材以密宗信仰為主，兩者的藝術風格各自在弘揚漢傳佛教與藏傳佛教上分庭抗禮，交融的狀況似不多見；大理國本身則有所謂的「滇密」，這是類似密教的一個支派與當地白族文化融合後的產物——阿吒力教，從大理國畫師張勝溫所繪的《梵像圖卷》內容來看，雜合了道教藝術、中原漢傳佛教藝術、印度南方的密教藝術等（部分承襲唐代遺風，部分似獨立傳入），與西夏狀況類似，摹寫而沒有大幅度融合改造，大多以保留宗教傳統為主，其藝術創作並非《梵像圖卷》本身的重點。

⌘ 佛教小常識 ⌘

❖ **阿吒力教** 雲南地區的佛教分支，融合漢傳佛教、藏傳佛教、印度佛教與雲南本土信仰，由於宗教領袖被稱為阿闍黎，也就是阿吒力，而稱為阿吒力教。

❖ **《梵像圖卷》** 原圖無標題，一般又稱《宋時大理國描工張勝溫畫梵像卷》，為宋代大理國畫師為宮廷所描繪的神佛圖卷，內容兼有印度佛教的畫風、漢地傳來的密宗、禪宗、藥師佛經變圖、中國道教神祇等各種宗教題材。

❖ **彌勒菩薩** 又稱大肚彌勒、布袋和尚等，原為五代後梁時期僧侶，名為契此，祂身材矮胖、大腹便便，常手持錫杖、懸掛一布袋，又稱布袋和尚。示寂前曾留下一偈：「彌勒真彌勒，分身千百億，時時示時人，時人自不識。」因而被認為是彌勒菩薩的化身，此後江浙一帶便流行雕塑大肚彌勒供奉，由於其造型笑顏常開、袒腹大肚讓人見之便忘卻自己的煩惱，加上有些造形創作將祂的布袋與聚寶盆的功用聯想在一起，常做些金銀珠寶或童子嬉戲搭配，商家將其畫像掛於店門前或擺設其雕像，認為可招喜氣、財氣而廣為流傳。

第4章 化身萬千
現代的佛教造像

 西天梵像，東土如來

元代是第一個統治全中國的非漢族王朝，當時國土版圖甚至是中國歷史上最大的疆域，元代皇室以藏傳佛教為國教，因此大量的藏傳佛教造像進入中土地區，元朝政府對漢傳佛教仍採取寬容政策，因此漢傳佛教的發展並未受到侷限。

這段時期受到元朝皇室崇奉的藏傳佛教造像，風格源於十二、十三世紀印度、尼泊爾一帶的密教藝術，與中原地區的漢式佛像完全不同，在當時被稱為「梵像」，由於後期密教興起，大量的憤怒尊、明王相以及雙運相等創作的主題，與宋代儒家興起的理學、禮教相違背，而且統治民族的文化與風俗迥異，因此受到漢民族的排斥與反抗，雖然皇家大作佛事，但元代流傳下來的「漢地梵像」卻不多，應該是在改朝換代時被焚毀之故。漢傳佛教藝術在此時延續了唐宋遺風，並無太多的發展與創新，漢傳佛教藝術的形式大致底定。

明代開始，明太祖朱元璋鑒於元代崇尚藏傳密教的流弊，轉為支持漢傳佛教，此時禪宗與淨土宗得到更大空間的發展，而藏傳佛教則作為懷柔蒙、藏兩族之用，仍給予喇嘛上師封賞，尤其是明成祖對藏傳佛教特別崇信，因而留下不少永樂款的宮廷密教造像。

清朝繼承明代遺緒，藏傳佛教仍是宮廷信仰重心，民間依舊以漢傳佛教為信仰主軸，與過往不同的是，漢傳佛教已在中國根深柢固，成為中華文化的一部分，佛教民俗化的趨勢越見明顯，諸佛菩薩的聖誕日、融合佛道思想的善書、寶卷等皆由民間自然演化，漢傳佛教已經不再需要執政當局的扶持與保護了。

民之所欲，常在佛形

　　明清兩代，朝廷與民間信仰大部分就是藏傳佛教與漢傳佛教，官方製作各式藏傳佛像以頒賜邊疆如蒙古、西藏等貴族、政教領袖或作為宮廷祭祀之用，由於沒有新的外來藝術風格影響，明代宮廷藏傳佛像以元代的梵像為底，加之皇家奢華裝飾之風，鎏金精緻、雕琢細膩；清代宮廷藏傳佛教造像則融合了更多漢式風格，印度梵像影響漸減。民間在漢傳佛教自行發展的文化氛圍下，演化出許多符合民間需求的佛菩薩形象，像是水陸法會要用到的水陸功德畫，基本上就是以佛為尊、佛道一統的佛教版《真靈位業圖》，漢傳佛教沒有像藏傳佛教有芸芸眾神可以滿足信徒的各種需求，因此「一人分飾多角」的送子觀音、延命觀音等應運而生，滿足信徒所求。

　　時至今日，各種觀音菩薩的造型普遍受民間喜愛，大肚彌勒更是商家經常擺設的財神爺，不同的是，工藝技法及材料的創新，以往無法製作的鑄造模式，如今可以做得出神入化，３Ｄ電腦佛畫、雷射水晶佛雕等技術更是令人嘆為觀止。

⌘ 佛 教 小 常 識 ⌘

❖ **真靈位業圖**　全名稱為《洞玄靈寶真靈位業圖》，由南北朝時代的道士陶弘景所編列傳下，計有七個等級共約七百尊神靈位列其中，確定了道教以元始天尊為最高神，將道教中天神、地祇、人仙、功國神靈等做了位階及功用等等的排序。

【第二部】

佛像的特徵解說

第1章 功德瑞相
佛像身形與手印

 如來妙相

隨著佛教造像的演變，大乘經典與密續相繼出世，佛教圖像由原本的法輪、雙鹿、菩提樹、佛足等象徵性圖騰，最後直接以人物神像的形式，表示世尊如來的相好莊嚴，以佛陀的各種身形姿勢紀念佛陀的偉大事蹟；後期佛教更加入各種姿態的菩薩、金剛明王等，以大量的手印、持物來表達更具深意的教理事相，讓修行者藉由這些表相體悟到法相真如。

佛陀的造像出現之後，常見的造型有禪定相、伏魔相坐姿、說法相坐姿、授記相站姿等等，此時佛陀手印形象表達的是一種紀念性，依據佛經內容的闡述，而將經文圖像化，例如伏魔相坐姿是釋迦牟尼佛與此世界成佛之時，由於魔王波旬屢用權勢脅迫、美色誘惑都無法撼動佛陀的心，魔王怒問佛陀說：「你憑甚麼說你覺悟了？有誰可以為你證明？」此時佛陀解開禪定印而以右手輕觸大地，意思是大地女神為我作證，魔王波旬遂獨自隱去。

因此不論在南北佛教等各教派都是以右手觸地、左手禪定的伏魔相為釋迦牟尼佛的標準造型，此時的手印並未代表太多神祕經驗。這樣的手印形象是為了紀念佛陀降伏魔王一大勝跡。

由於南傳佛教的經典與教義圍繞在佛陀一生的事蹟，因此出現許多佛陀的造型，以紀念各個重要故事，譬如：佛陀一邊行走一邊以右手當胸、掌心朝外、指尖朝上，左手自然下垂的姿勢，稱為行走佛，又稱出入吉祥佛。這個造型是紀念當年佛陀為了保護族人回到舍衛城，佛陀右手當心的手印表示要族人「不要怕」，這個手印又稱為施無畏印、護法印。

● 釋迦牟尼佛降魔印　023

另外常見的臥佛形象，則是紀念佛陀入大涅槃，這樣的右脅臥姿也影響後世僧人睡眠修行的方式，藏傳佛教系統認為這樣的睡姿會影響脈輪的運作。

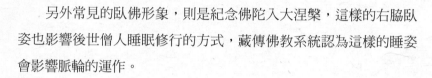

身語意三業，總持常清淨

隨著佛教的日益壯大，教團與信徒興盛，越來越多宗教儀式開始出現，原先各宗教都有的合十（雙手合掌），也開始出現不同的變化。

雙手合十的手印傳到日本的真言密宗，則將十指緊貼的合十印稱為堅實心合掌；合十的雙手掌略凹，中有空隙的稱為虛心合掌或未敷合掌（蓮華合掌），這種合掌特別在藏傳佛教的觀世音菩薩造像中常見，並且可見觀音菩薩合掌的手裡握有摩尼寶，這樣的手印恰巧與觀音心咒（嗡 嘛呢 叭彌 吽）相吻合。蓮華合掌代表蓮花，中空觀想為摩尼寶，行者以這樣的手印觀想、持咒、頂禮諸佛菩薩，如此就可以獲得各種不可思議的感應。

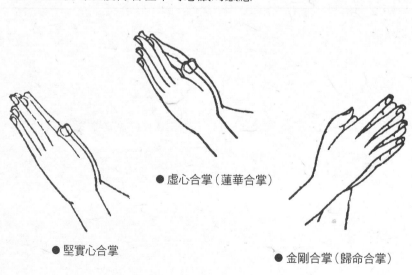

● 虛心合掌（蓮華合掌）

● 堅實心合掌

● 金剛合掌（歸命合掌）

另一種十指直立交疊合十，真言密宗稱為皈命合掌，藏傳佛教稱金剛合掌，特別是在進行重要的密宗儀式才會使用到，十指交疊代表著左右脈氣相融注入中脈，諭示行者將來證得金剛身。

在密教系統中，手印不再只是紀念，它代表行者與本尊的相應，而且與自己真如本性合而為一，藉由持印（打手印）完成三密之一的身密清淨，加上持咒（語密清淨）、觀想（意密清淨），如此能快速消除自我的無明障礙，累積福德、開啟智慧，從而於短時間內修行成就佛果。

密教手印依照功用大致可分為：本尊印、儀式印。

本尊印，行者通常使用於觀想自身成為本尊或迎請本尊之時，甚至佛菩薩自身都持有這樣的手勢，像是準提觀音、四臂觀音、大日如來、阿彌陀佛、軍荼利明王等。

另一類的本尊印是表象本尊的三昧耶形（法器），如大白傘蓋佛母（一手握拳、食指伸直，另一手平伸放在其上象徵白傘）、如意輪觀音（類似蓮華合掌，依彎曲程度不同分別代表蓮花、寶珠）、馬頭明王（手印如馬頭一般）。

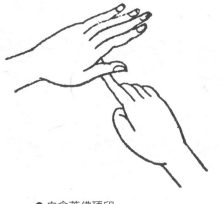

● 白傘蓋佛頂印

● 馬頭明王印

　　儀式印，用於各種儀式或代表法器，如儀式中用於供養的五供養手印或八供養手印（塗香、花、燈明等等）、曼達印；用於結界的金剛炎、金剛牆；象徵法器的獨鈷印、五鈷印、寶瓶印等；迎請、送還時用的寶傘、車輅印，奉座時用蓮華座印等等。

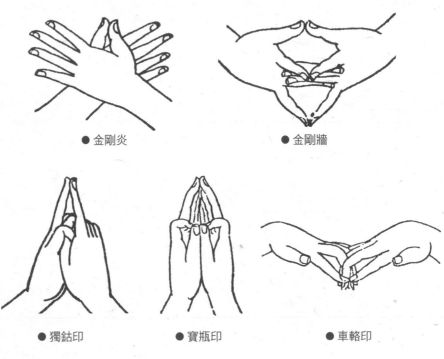

● 金剛炎　　　　　　　　　● 金剛牆

● 獨鈷印　　　　● 寶瓶印　　　　● 車輅印

❀ 佛菩薩的行住坐臥

　　佛菩薩大多為坐姿，坐姿又可分為七支跏趺座（雙盤腿）、半跏趺座（單盤腿或散盤），佛像大多以七支跏趺座為主，象徵證得正等正覺果位，部分菩薩或密教佛母以半跏趺座較多，菩薩像的半跏趺座與我們一般打座時的單盤、散盤不盡相同，一般表現類似國王般的遊戲自在座，僅有少數如彌勒菩薩在兜率天等待下生而坐在座椅像，遊戲自在坐姿在藏傳佛教是一個定式姿態，若用藏傳佛教的心性休息觀音相對比於漢傳佛教的水月觀音，兩者同樣左手後

抵、身體自在而坐，水月觀音的坐姿更顯自在優雅，或許兩者是同一法脈源流也不一定。

部分的佛菩薩像是站立姿，與坐姿相比，一般不論佛寺或在家眾都較喜歡坐姿的佛像，認為供奉站立的佛像就像是需要每天勞苦奔波般，而站立姿的佛菩薩像當中又以軀體略呈三折枝式的造型最受歡迎，被認為最具動感美觀；明王憤怒像大多是半踞式（一腳彎曲、一腳伸直的弓步），猶如武士練武的姿勢一樣；另外佛母或空行母的特殊站姿——舞立姿，這種如同舞蹈般，一腳站立、一腳彎曲的姿勢象徵一腳深入輪迴、一腳涅槃，代表輪涅不二的思想，菩薩永遠擺渡於此岸、彼岸之間以救渡眾生。

● 水月觀音

手印方面，以禪定印、施予印、說法印、依怙印、期克印最為常見，在此不包含手持各種法器的手印介紹。

禪定印多為佛及羅漢所持，主要代表為阿彌陀佛，也就是無量壽佛，手印的結法即雙手平放交疊朝上、拇指相對安放於臍前，特別注意的是除了密教對右手掌必定得放置於左手掌之上的規定之外，其餘的佛教宗派並不

● 作明佛母

太在意左右手上下擺放的差異；若佛像同時表現兩種手印時，則左手一律平放於肚臍前代表禪定印，右手隨姿勢不同可表示說法印、施予印、依怙印等等。

● 禪定印

施予印通常以右手手掌向外、手指朝下代表給予之意，也就是布施，以寶生如來為例，多數關於財富增長或壽命延續的佛菩薩也持施予印，如白度母、千手觀音，或者手持象徵財富壽命的摩尼寶、俱緣果的財神、財續母。

依怙印又稱施依印，是在施無畏印（護法印）的基礎上加以變化而成，度母或觀音多持此手印，也就是以手掌向外、手指朝上的施無畏印捲曲中指或無名指與姆指相觸而成依怙印，中原地區的觀

● 施予印

音形象多是捲曲中指的依怙印，俗稱蓮花指，而藏傳佛教的依怙印則大多是捲曲無名指與姆指相抵的造型。

● 依怙印

說法印又稱轉法輪印，左右手各以食指與拇指相扣，餘三指

● 說法印

舒直，右手掌心朝外，左手掌心偏斜朝內，印持當胸，象徵佛陀說法、轉動法輪，有時也有以單一右手表示說法印，主要可見到像大日如來、釋迦獅子、文殊菩薩等。

期克印，中指和無名指捲曲與姆指相扣，食

● 期克印

指與小指微伸，作為憤怒尊壓伏魔障的手勢，如金剛手菩薩雙手結期克印持金剛杵與繩索，雙期克印於胸前環抱為雙運印，金剛總持、時輪金剛與勝樂金剛等大本尊皆有持此手印，同時手握金剛鈴杵，表示悲智雙運。

另外有一密教信徒最常使用的手印，即壇城印（曼達印），代表供養上師諸佛菩薩以須彌山並四大部洲等珍寶滿聚，但並無佛菩薩以此手印為其代表。

● 曼達印

第2章 吉祥法寶
佛教的法器

　　法器，也就是佛法的器具，基本上依用途分為：一、佛像持物法器。二、修行者使用的修行法器。三、擺放壇城或法會使用的供奉法器。法器通常會在各種場合重複出現，有些法器是顯密共通的，有些法器則是藏傳佛教專用，以下我們介紹一般常見的佛教法器持物。

缽

　　缽是出家僧眾最主要的持物，用來托缽化緣、裝填食物，通常以銅鐵製成，上方缽口內縮，防止僧人走路時食物潑灑出來。持缽的本尊非常多，通常多為佛部，如阿彌陀佛、藥師佛、釋迦牟尼佛等等，準提菩薩、千手觀音也有持缽的法相。

念珠

　　念珠是最貼近佛教徒的法器之一，不論任何宗派，幾乎人人都有一串念珠，手持念珠的佛菩薩更是多不勝數。依據《數珠功德經》記載，一般念珠以一百零八顆為數，表示滅除一百零八種煩惱，以菩提子念珠修持功德最為廣大；藏傳佛教裡用四種顏色分類所使用的念珠來修持四種事業，如白色念珠（水晶、象牙、硨磲）用於息災法，紅色念珠（紅珊瑚、紅檀木）用於懷愛法，黃色念

珠（檀木、黃金、琥珀）用於增益法，藍黑色念珠（鐵、黑瑪瑙、人骨）用於猛伏法。每串念珠由一組母珠串成串，母珠通常大於其他珠子並且頂端有一小錐形，代表佛或佛塔，因此念誦咒語或佛號數珠撥弄到母珠時不會逾越過去，而要反轉重新撥數。

● 龍眼菩提念珠

香爐

香爐常是修行者及信徒用來供奉的器具，一般以銅及陶瓷製作，形式並無一定侷限，由於配合香品的燻燒，只要爐身耐熱即可，一般外飾以吉祥圖樣呈現。香爐作為佛壇上供奉的法器，內置薰香是信徒對佛菩薩重要的供養之一。

● 朝冠爐

木魚

漢傳佛教特有的宗教法器，通常擺於佛殿之西單（佛桌的左邊），是法會課誦中重要的法器，之所以會刻成魚的形狀，是因為魚是沒有眼皮的，連睡覺都是睜眼，表示出家人應該精進修行，不可以懈怠偷懶。好的木魚除了木材質地要選擇細緻之外，匠師雕刻鑿洞的技法也會影響木魚的聲音高低。

● 木魚

磬

　　漢傳佛教寺院裡金屬磬與木魚通常會成對擺設在佛殿裡，用於早晚課誦與法會梵唄，有時遠來的高僧大德拜訪佛寺禮佛時，也會於禮佛三拜時敲擊磬三下表示敬重。金屬磬目前大多是機器製作，若是以手工製一槌一槌擊出的磬，其聲音通常更為清遠悠揚；除了金屬製作的磬之外，也有以玉石或水晶製作的，西方的頌缽音樂用的水晶缽就是以水晶石製作的，不過應該稱為水晶磬比較正確。

　　另外，可以一手使用的引磬，又稱小手磬，除了金屬缽型外，其底部貫穿一支撐柱，另用一小鐵槌擊之，因為誦經禮佛時都會點擊引磬來引導大眾行止，所以稱為引磬。

● 引磬

魚梆、雲板

《五分律》記載：「有瓦、木、銅、鐵，鳴者皆名犍椎。」
又說：「鐘、磬、石板、木板、木魚、槌，有聲能集眾者，皆名犍
槌。」早期這些物品都是為了聚集僧眾之用，可能只是一塊木頭或
銅板，在不同的時間敲擊，代表起床、至大殿集合或用餐等含
意；後來磬與木魚被請到佛殿法事之用，單調的板子慢慢演
化成魚形稱為魚梆，又稱魚鼓，在古代禪林是用來通知大
眾入浴或用齋，現在則多為通知用齋。雲板也是類似的物
品，只是原為木製後來改為金屬製，且製作成雲形紋而稱
為雲板，如今也是用來通知僧眾午齋。

法輪

釋迦牟尼佛剛出生時，就被認為將來能成
為轉輪聖王或覺悟者（佛陀），因此佛教徒也
以輪子來代表佛陀而稱為法輪，法輪多為寺院
標誌，或佛菩薩手持法器之一。佛教常藉由輪
子的形象來譬喻因果輪迴，或是以轉法輪來代
表佛陀說法、佛法常存。法輪也有鑄造成供物
供奉於佛前的，通常以銅鎏金加上鑲滿各種珠
寶，持有法輪的佛像有彌勒菩薩、普明大日如
來等等。一般持有法輪的佛菩薩都具有教
王的特色，如大日如來可說是密教之教
主，而彌勒菩薩作為釋迦牟尼佛的下
任接班人（未來佛），持法輪表
示其教統之傳承。

● 彌勒菩薩

 錫杖

　　錫杖可說是僧侶的代表，對於僧侶來說，錫杖在走路時可作拐杖之用，行走野外時錫杖所發出的金屬響聲可以嚇跑蛇等動物，化緣時該響聲又可提醒布施者有僧侶前來，持錫杖的佛教造像中最著名的應該就是九華山的出家相地藏菩薩。

　　錫杖可略分為錫杖頭部及握柄部，漢式的錫杖握柄類似棍狀，可用木頭或金屬製成。藏式的錫杖握柄則在手握處會呈紡椎體並且有三個金屬環片象徵三寶，錫杖頭部的造型有多種變化，通常是三葉或四葉的如意紋金屬片架成像南瓜狀，中空處會放一金屬製的佛塔，上方金屬片聯接處也會有個金屬製小佛塔，如意紋金屬片下方各懸串四或六個金屬環，代表四聖諦或六度的佛教意涵。

佛塔

　　佛塔是由於佛陀入滅荼毗後，為了存放佛陀舍利靈骨而建造的，由於往昔諸佛入滅均建有佛塔，因此一般認為在釋迦牟尼佛出世前，這個世界就已經存有

●地藏王菩薩

佛塔了。佛像、佛經與佛塔，分別代表了佛的身
語意三業，佛塔代表的是佛的法身（意），佛塔
的造型隨著所代表的佛陀聖蹟不同而有所變化。藏
傳佛教較常建造的是菩提塔、尊勝塔（以尊勝佛母為
主的佛塔，祈求長壽），日本密教則保留了一種代表五大（地、
水、火、風、空）的五輪塔。我們常見持有佛塔的佛像為彌勒菩
薩（其頭頂有佛塔，代表繼承釋迦牟尼佛而為未來佛）、四大天
王中的西方廣目天等等。

● 小佛塔擦擦

● 藏式佛塔

● 壓克力佛塔

蓮華

以蓮華作為持物是觀世音菩薩的象徵，蓮華也
常見為諸佛菩薩的座位，手持的蓮華通常會畫成一
未開、一盛開、一已開，代表過去、現在、未來三
世，佛教徒喜歡用蓮華供佛，代表清淨無染。蓮華在
佛教中不論是漢傳、藏傳的佛菩薩形象都常見，在佛教之前的婆羅
門教眾神也多有坐於蓮華上，蓮華被用來顯示神的尊貴與神人之間
的差異，佛教也繼承了這個傳統，藏傳佛教除了蓮華部的佛菩薩
像，例如阿彌陀佛、觀世音菩薩多持蓮華外，也有像白文殊手持
雙蓮，蓮上有智慧劍與經書。

拂塵

在印度乾燥的氣候，拂塵用來即時清掃周圍及驅趕蚊蠅
之用，是遊方僧人必備的用品，後來則多作為裝飾之
用，手持拂塵的佛教造像並不多見，一般以釋
迦牟尼佛旁的阿難、迦葉尊者會手持錫杖或
拂塵與缽。

● 手持拂塵的迦諾迦伐蹉尊者

035

✿ 經書

經書成形於佛陀圓寂後一百多年,那時大部分的高僧長老都是將佛陀說過的話語直接背誦記憶,由於語言與地域的隔閡,一些內容開始產生矛盾與疑惑,經過當時的長老集會討論後,慢慢將一些經文背誦出來並記錄成文字,因而形成日後的經藏與律藏,因為有這些經書,大多數人才得以接觸佛法,因此佛教經書也應該受到無上的尊重。若供奉經書在佛壇上,應置於佛像上方或後方,不應將佛像壓於經書之上;佛經代表佛陀的語業,也有法身舍利之稱,手持經書的佛菩薩代表為文殊菩薩、般若佛母等。通常這些持有經書的佛菩薩都象徵著祂們具有無上的智慧,許多信徒也會供奉這些佛菩薩以祈求金榜題名或智慧光明。

✿ 金剛杵、金剛鈴

金剛杵是密教重要的法器之一,其形式多種,有單股、三股、五股以及錐狀的普巴金剛杵等等,最常見的為五股金剛杵,中間圓狀寶珠表法性一如,上下各五股表示是五方佛父、佛

● 文殊菩薩

母。另外有上方為杵，下方為鈴的金剛鈴，相對於金剛杵代表陽性方便，金剛鈴則表示陰性的空性智慧，握柄的佛面代表般若與佛母，鈴身的八瓣蓮華與種子字分別代表八大菩薩及八大供養天女。不動佛、金剛手、普巴金剛皆有持金剛杵，無上密續的大本尊如時輪金剛、勝樂金剛、密集金剛更是手持一對金剛鈴杵作殊勝三界印，表示悲智雙運的無上佛果。一般相信金剛杵表示佛法如金剛鑽石般無堅不摧，擁有強大的護身作用，是密教修行者必備的修法法器。

● 金剛杵、鈴

羯磨杵（十字金剛杵）

十字金剛杵就是兩支金剛杵九十度交疊，它特別之處在於是北方不空成就佛的法器標誌，代表如來利益眾生的業，業的梵語稱為羯磨，所以又稱羯磨杵。羯磨杵也被視為世界底部的大地基，具有無堅不摧的性質，據說佛陀成道的菩提迦耶菩提樹下，就是這世界的中心，又稱為金剛座，其底下有一個永不毀滅的羯磨杵，許多密教修行者的座墊會使用繡有各種顏色的羯磨杵圖樣，或者佛像裝臟的底部銅片也會刻印羯磨杵的圖案，都是具有吉祥的含意。

曼達（須彌山供）

曼達，是藏傳佛教的一種特殊的法器供品，供曼達是由佛教的世界觀（須彌山與四大部洲）演化而來的一種供養方式，使用一個圓形底盤，上方依序疊上三個銅環以及放上三十七堆穀物或珍寶，最後在頂端放上法輪或摩尼寶，三十七堆象徵了須彌山與四大部洲以及它們所具有的珍貴寶物（滿願牛、如意樹等等）；也有比較簡

單的是在圓形底盤上放置七堆，象徵須彌山加上四大部洲以及日、月，由此觀想供養了無量珍寶給諸佛菩薩，以祈求獲得福報，在許多藏傳佛教的佛寺或佛堂內都會在佛像面前擺上這樣的曼達供養。

寶傘、幢幡

寶傘原用來為尊貴者遮陽納涼，後來成為佛像的裝飾品之一，多以珠寶裝飾；幢（筒形裝飾布）與幡（單面裝飾布）都是古代國王的儀仗用品，出現在國王出巡的儀隊前方，藉以表達尊貴，後用來表示佛像之尊貴，幢幡上會以蓮花、吉祥結等紋飾裝飾，甚至繡寫經文、佛號等。

海螺

海螺或寶螺，作為代表佛法遠揚的吉祥意義，常被供奉於佛前，也象徵佛語。法會時也作為法器吹響，相傳稀少的右旋海螺具有平定風浪之神奇功效，又稱定海珠，因此若法會上供奉或使用右旋海螺則更顯法會之殊勝及威神力；也有不少佛像寶飾上會供奉一個寶螺，象徵佛法興盛。

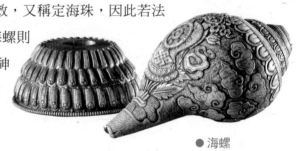

● 海螺

小佛龕、藏式佛盒（嘎烏）

在佛教成為人們信仰的初期，佛像並非到處都有，部分有經濟能力的信徒為了祈求出遠門能平安歸來，會請匠師製作小佛像和方

● 幡

● 幢

便攜帶供奉之用的小佛龕。唐朝出現一種三聯式的木雕佛龕，直到今日在日本經常可見；而在西藏高原地區，木材並非容易取得的資源，後來人們發明了一種用金屬製作，可隨身攜帶的藏式佛盒，稱為「嘎烏」，它同時具有裝飾的功能，一般藏族人會將舍利、擦擦聖物或貴重珠寶放置於內。

● 嘎烏（藏式佛盒）

寶瓶、長壽瓶

　　佛教中的寶瓶或長壽瓶，是裝滿吉祥甘露的法器，漢傳佛教的觀音造像也有手持淨瓶的形象。在密教中，寶瓶作為灌頂儀式用品，更是用來象徵佛菩薩本體般重要，內裝灌頂用的甘露水，上插孔雀毛表示吉祥殊勝，這種寶瓶有時又稱羯磨瓶（事業寶瓶），接受了灌頂的羯磨瓶加持，飲用甘露水，代表信徒成為佛菩薩的法王子（佛是法王，接受灌頂者等於接受了國王的王位般，也就是法王之子），要代表諸佛菩薩去行使廣大的佛行事業利益眾生。置放在長壽佛手中的長壽瓶，瓶子上方會裝飾有蓮華或如意樹枝等等。

　　還有一種寶瓶則是裝滿珠寶與經文紙卷、殊勝加持物等，經修法且密封住，賜予給信徒供奉在家中財位之處或保險箱裡，用來聚財、招福；有時這種寶瓶會以布包的形式呈現，又稱為福祿袋。

● 寶瓶

● 福祿袋

金剛橛（普巴杵）

金剛橛密續是由蓮花生大士弘揚到尼泊爾、西藏等地，該密續的本尊班札基拉雅，也就是藏人所稱的普巴金剛，其雙手即是持有這種橛形法器，金剛橛同時也能象徵為該本尊的直接化身，橛體本身的三面錐體代表著消滅貪嗔癡三毒，握柄的部分有時有三面憤怒尊臉及兩個八菱形的方塊（或稱扭結），中間八面體或八面蓮花瓣，其複雜的形式表示普巴金剛本體，也可作為本尊神供奉，簡易的形式通常為實修的法器，具有神聖的意義。

● 銅普巴杵

● 天杖（蓮師八變：日光上師）

天杖

天杖的形式是法器中最複雜的，主要構造有一根八面體的杖身，底部為半節金剛杵，上方依序為十字金剛杵（平放）、寶瓶、新鮮人頭、腐爛人頭、白骷髏頭，其頂端裝飾金剛杵或三叉，在十字金剛杵的旁邊繫上飄帶、日月標記、晃鼓、金剛鈴等。父性本尊手持天杖時，天杖象徵母性智慧；空行母等本尊手持天杖時，天杖象徵父性方便，也就是手持天杖象徵大樂和空性的無二結合，它具有各種不同意義的象徵，如三顆人頭可象徵三界（欲界、色界、無色界），也可象徵斷滅貪嗔癡三毒及法報化三身等。

晃鼓（達瑪茹）

晃鼓，雙面手持鼓，類似中國的童玩
波浪鼓，早期的晃鼓都是使用人的頭蓋骨
製成的，兩個頭蓋骨相對背疊並縫製上鼓
皮，金剛鈴發出空性之聲，晃鼓的鼓聲則
代表著大樂，但現在大多數的晃鼓都是木
製材質了。

● 手鼓（施身法所用）

鉞刀（金剛彎刀）

鉞刀多為空行母或憤怒尊的手持法器，
通常以銅鐵製成，握柄上方飾有半節金剛杵，
作為防止鬼魔干擾、去除邪惡的小型護身法器，
同時鉞刀也象徵空性斬除一切煩惱、障礙。

弓箭、繩索

弓箭、繩索，或者其他如盾牌、鉤子、劍等武器，
有時也作為本尊護法神的法器而具有宗教象徵意義，弓象徵
智慧、箭象徵善巧方便（也就是以智慧之弓射出各種能契合不同人
心的善巧箭，達到利益眾生的目的），以弓射箭表示智慧與方便結
合，有效激發覺知或破除錯誤知見。有時箭會被單獨使用，綁上五
色彩線並懸掛銅鏡、海螺等，作為延壽招福的吉祥法器。

繩索從綑綁的意義上延伸出「正念」與「正見」相結合，或者
綑綁住惡魔的命脈，配合使用的法器可能有鉤、鎖等等，有些以各
種美麗花朵串成，表示以欲望綑住想吸引的對象，有些則是以龍蛇

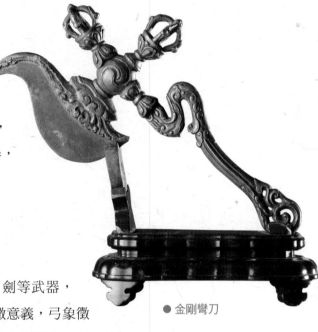
● 金剛彎刀

作為繩索之用，表示威猛，為了提昇宗教性質的神聖意涵，一般我們都會加上金剛二字，而稱為金剛弓、金剛箭、金剛繩索或金剛鉤索、金剛盾及金剛劍等。

八吉祥、七政寶

八吉祥以及七政寶作為最受歡迎的兩大吉祥物套組，時常被製作在一起，供奉於佛前當作裝飾。八吉祥分別是法輪、寶傘、雙魚、寶瓶、蓮華、右旋寶螺、吉祥結、勝利幢，有時會被單獨或成對使用，總之，表示各種美好吉祥而敬獻於佛前。

七政寶相傳是轉輪聖王的七樣寶貝，它們在轉輪王出生時就會出現於世，分別有金輪寶、摩尼寶、后妃寶、大臣寶、將軍寶、白象寶以及紺馬寶，這些寶物個別表示了轉輪王的各種殊勝功德以及盛世的美好，人們雕刻製作這些象徵供物供養諸佛菩薩，祈求來世也能獲得相同的福澤。

● 不動明王

● 七政寶總集

● 八吉祥總集

第3章 奇獸異禽
佛教動物與佛菩薩坐騎

 鹿

● 雙鹿法輪

　　鹿作為佛教相關動物之中，應該是第一個被提及的，因為佛陀作為菩薩修行的各個轉世之中，也曾轉世為九色鹿王，而當佛陀在成道證果之後，首先於鹿野苑對五比丘說法，稱為「初轉法輪」，從此開創了佛教，早期佛教藝術也每每以法輪代表佛陀，雙鹿跪坐在法輪兩旁象徵在家、出家二眾聽聞佛法，這樣的雙鹿法輪標誌在各寺院都常見到；此外，鹿也象徵無常斷滅，因為牠們不會在同一個地方過夜，代表僧侶及修行者應該像鹿一樣居無定所，不應該留戀屋宅、積蓄財富，要四處雲遊，追求解脫。

豬

　　豬在生死輪迴圖中象徵人的愚痴，密教的獸面空行母、金剛亥母，也有以豬面造型出現，表示眾生大痴的本性；另外有名的密教本尊摩利支天則是騎乘在豬上，受到密教影響的道教斗姆信仰也保存此一特色。

鼠

　　佛教沒有太多關於老鼠的事蹟，牠作為象鼻財神的眷屬，在印度教的神廟中受到禮遇，也有些象鼻財神的座騎是一隻大老鼠。

　　其他財寶本尊，例如財寶天王和黃財神則手持吐寶鼠，表示財寶滿溢，但此處的吐寶鼠是黃鼠狼之類的動物，而不是老鼠。

大象

　　六牙白象在佛母摩耶夫人懷孕時於夢中投生入母胎而被佛教視為吉祥象徵，六牙有時象徵六神通或六度，四足表示四如意，另外大象也是印度教因陀羅神的座騎，有時牠被描繪成三頭或一頭六牙。以象為坐騎的佛菩薩以普賢菩薩最為常見，印度教或藏傳佛教裡的象鼻財神則是象頭人身的造型，在佛經故事中，佛陀常用野象譬喻我們紛亂的心境，經由不斷馴服，將黑野象變成純潔優雅的白象。

● 漢式文殊菩薩

龍

　　龍在世界各地都有其傳說，但不同文化中的龍形象略有不同，印度佛教的龍原意指大蛇，其形象由一般的眼鏡蛇增加為多頭或頭部有犄角等神化，甚至佛教認為天龍八部之中的龍族甚至有一些可以化為人形，此稱為龍王、龍女，其形象為人身蛇尾，身體後方有五頭或七頭龍等等。佛教傳入中國後，中國龍的形象也被接受到佛教體系內，由於某些共通特徵，龍往往被視為與控制氣候環境有關，若不慎汙染了某些河、海、水井或破壞環境，可能就會激怒龍眾而引發皮膚病等疫疾。與龍有關的佛菩薩有龍尊王佛（或稱龍自在王佛），其背光即是七頭龍，龍樹菩薩也是類似的造型，東南亞地區則有釋迦牟尼佛禪定坐於七頭龍之上的七龍佛，藏傳佛教裡的白財神其坐騎是一尾青龍，此外在許多憤怒尊身上也常以龍來充當項鍊、手環、腳環等飾物。

金翅鳥

　　金翅鳥，梵語稱為迦樓羅，也是天龍八部之一，是印度本土神話中的半人半鳥的神，為毘濕奴的坐騎，因為與龍族相互爭奪無死甘露，所以是龍的剋星，通常金翅鳥被描繪為鷹頭人身，腳為鳥爪，全身有彩羽，展翅可達萬里；在佛教裡，金翅鳥是北方不空成就佛的坐騎，同時也是佛陀至高無上的六靈寶座的頂飾，不止是作為坐騎，金翅鳥在藏傳佛教甚至是本尊神之一，傳說祂是金剛

● 騎龍觀音

手的威猛化身，依據傳承的不同，有黃色金翅鳥、黑色金翅鳥，以及時輪密續中，時輪金剛化現的斑斕金翅鳥（花金翅鳥或時輪金翅鳥），祂的身上有數種顏色表示五方佛的各種智慧功德，在世間法上可以消除所有龍引起的皮膚病或癌症等等，在究竟上，可作為密法本尊而證得佛果。

● 泰國白金翅鳥

獅子及雪獅

獅子為萬獸之王，代表君王的權威，佛教常藉用獅子的威猛形象來作為早期佛像的座騎，到後期甚至規定佛的寶座要有八獅抬座，這八獅也象徵八正道或八大菩薩，同時地也作為五方佛的中央大日如來的寶座坐騎。騎獅的佛菩薩造像常見的有獅吼觀音、文殊菩薩，另外藏傳佛教的本尊獅面空行母也是以獅頭人身為形象。在西藏，白色雪獅被視為吉祥的象徵，雪獅的形象後來被印製在旗幟、錢幣及各種官方用品上，有些西藏的本尊神則是騎乘在雪獅背上。

● 獅吼觀音

摩羯魚

　　摩羯是印度傳說的一種海獸，佛經裡也曾記載人被摩羯生吞的故事，有些人說是大鯨魚，但摩羯比較可能是古代鱷魚的神化形象，許多密教法器都有摩羯的頭作為裝飾，一般都以為是龍頭，但事實上是摩羯，就像鱷魚會緊咬住獵物一般，摩羯也被用來象徵具有韌性力量。它也是佛陀六靈寶座的神獸之一。

老虎

　　老虎是少數我們現在能親眼看到被認為具有神性的動物之一，在中國也是權威的象徵，佛陀在修菩薩行的累生轉世之中曾以肉身餵養剛生完小虎的飢餓母老虎；老虎作為神靈坐騎並不常見，僅見於密教八十四成就者中的止布巴、忿怒蓮師騎乘在老虎上，但使用虎皮的藏傳佛教本尊則多到數不清，有作為瑜珈士的禪修座墊用，有作為憤怒尊的虎皮裙，大多用來表示威猛之意。在中國十八羅漢系統裡，有一羅漢被稱為伏虎羅漢，但在西藏十六羅漢中並沒有此羅漢，倒是供養十六羅漢的居士達瑪達拉身旁有一隻老虎相隨，象徵僧人結夏安居時所遇到的危險障難都能去除。

● 迦理迦尊者

牛

　　牛是印度教中最受到尊崇的聖獸，因為牠是濕婆神的坐騎，印度教徒更因此不吃牛肉，但密教內供的五肉則包含了牛，牠代表佛眼佛母與地元素的本質；以牛為坐騎的佛菩薩有大威德明王、摩醯首羅天（濕婆神），後期密教更出現了牛頭形象的大威德金剛，象徵降伏死神閻摩（閻摩天本身也是牛頭形象）。

孔雀

　　美麗的孔雀喜歡吞食各種毒蟲，以使自身的羽毛更顯炫麗，佛教以孔雀代表吃盡一切煩惱，五方佛中的西方阿彌陀佛是以孔雀為其寶座坐騎；而孔雀明王則是騎乘在孔雀身上，並且手持孔雀毛為法器；吉祥天母也以孔雀毛為寶傘。

蠍子

　　蠍子通常被用來表示毒咒、惡業，密教常觀想自身罪業化為蠍子、蛤蟆之類醜惡蟲物流入地獄被死神閻摩吞食掉，《蓮花生大士傳》記載了蓮師從一頭巨蠍處接受了金剛橛密法，蓮師八變其一化身忿怒蓮師即手持鐵蠍，象徵降服毒咒、惡業。此外，在西藏原始信仰裡，蠍子被畫在咒符裡作為避鬼驅邪之用。

馬

　　馬是千百年來人類經常使用的坐騎，悉達多太子騎馬深夜出城，五方佛中的南方寶生佛以馬為寶座坐騎；密教裡也有馬頭明王，祂的頭上正是以馬頭為特徵。

【第三部】

佛像的藝術欣賞

佛部

【佛部·簡介】

如日在虛空，照臨一切處，
佛智亦如是，了達三世法。

佛，全稱「佛陀」，意為「圓滿的覺悟者」，滅除了一切煩惱，看透一切實相，脫離輪迴、對於宇宙人生徹底明白，真正圓滿覺悟者，亦稱為一切智人或正遍知覺者。

一般來說，有的人自行觀察世事無常，體悟到宇宙真相，也能證得覺悟，這樣的方式我們稱為獨覺（辟支佛），祂們證得覺悟後便入涅槃，沒有說法渡眾。另外有些如同我們娑婆世界的導師——釋迦牟尼佛，往昔在無量諸佛前發願，經過無數劫的菩薩行，最後在印度金剛座菩提樹下證得正等正覺，經由梵天勸請，而開始說法、引領一切眾生解脫，這便是究竟圓滿的佛。

佛教相信，佛陀具有透徹眾生性格、習性的能力，知道什麼修行方式最適合他們。在佛陀四十五年的教化生涯中，成功教導了許許多多個性、學習能力都不同的眾生，使他們都證得解脫。因此，佛陀亦被稱為「無上調御丈夫」。

在佛教中，佛的地位非常崇高，佛是真理的代表，信仰的化身，無所不在也無所不能。佛陀不止是人道眾生的導師，也是天道天人的導師，因為佛陀是最殊勝、最無上、最值得受人尊敬的老師，因此，佛被稱為世尊，是「世人所無比敬仰的」。

釋迦牟尼佛

樟木極彩

釋迦牟尼佛，佛教教主與創始者，印度釋迦族人，姓喬答摩，名悉達多，西元前五六六年出生於北印度的迦毗羅衛城，為淨飯王的太子。

悉達多自幼深切體會到生老病死的痛苦，感受人生無常，發心尋求解脫之道，曾在印度尼連禪河附近，經過六年苦修，之後在菩提伽耶的菩提樹下得到完全的證悟，證得阿耨多羅三藐三菩提，被尊稱為「釋迦牟尼」，意為「釋迦族的賢人」，亦被稱為佛陀、世尊等名，為眾所知。

釋迦牟尼佛一生弘法四十餘年，以無比的悲智願行，為眾生提出中道的解脫途徑；導之以法，齊之以律，為眾生樹立起自覺覺他的偉大典範，直至西元前四八六年圓寂。釋迦牟尼所創建的佛教和基督教、伊斯蘭教被並稱為世界三大宗教。

釋迦牟尼佛淨極顯明無瑕的大悲身，能讓人自然產生莊嚴、寧靜與和諧之感，具正面能量，有助於引領觀者契入佛像所欲表徵的佛法精神意涵。

樟木極彩釋迦牟尼佛像，膚色柔美自然，大悲容顏中飽含祥和莊嚴，雙眉柔長，耳厚垂長，唇如蓮瓣，慈眼觀照諸有情，雙手結定持印，雙足金剛跏趺坐於金色蓮座上。本尊佛像以唐式極彩畫風所精工繪製之袈裟、蓮座，一一呈現出盛唐時期的繁盛之美。

若眾生心憶佛念佛，
現前當來必定見佛，
去佛不遠。

053

釋迦牟尼佛・青金石刻與諸佛二脅侍菩薩群像

三界所有，唯是一心。

依據大乘佛教《法華經》的說法，在印度成道、弘法與涅槃的釋迦牟尼，其實是對眾生一時之權宜示現，事實上，釋尊在久遠劫前早已成佛。佛陀的壽量是無限的；佛陀法身是常住的；佛陀的智慧光芒，是永恆不滅地照耀眾生的。

中國古代認為青金石象徵崇高無上的造物，在中國古代，青金石稱為璆琳、金精、瑾瑜、青黛等，佛教稱為吠努離、吠琉璃或毘琉璃，屬佛教七寶之一。

此尊青金石材質的釋迦牟尼佛，作品主色澤均勻，餘色適洽分布，整體質地巧潤，堪為典藏珍品。

「釋迦牟尼佛與諸佛二脅侍菩薩群像」石刻，也為青金石所精刻。作品中間主尊為本師釋迦牟尼佛，周圍環繞另外五佛與左右二位脅侍菩薩，整件石刻的最上方雕有三座佛塔，下方則刻飾有臥佛，臥佛之左右處雕有供養人像，諸尊造像刻工細膩，比例協調。

釋迦牟尼佛‧銅仿印度金剛座造像

以慈修身，善入佛慧；通達大智，到於彼岸。

　　此尊銅仿石質釋迦牟尼佛轉法輪像，一面二臂，雙手於胸前持著說法印，象徵常轉法輪；十指之間有羅網，如《大智度論》佛之三十二相、《大般若經》佛具八十種好當中所載一般：手足指縵網相，指網分明。身披袈裟，輕薄貼體，衣紋自然。此尊造像整體相好寂靜，金剛跏趺坐於蓮華座上，蓮座下方的台座，刻以法輪與雙柱，與本尊所演化之手印相契合，佛首後的圓光上飾以華麗刻紋彰顯莊嚴。

　　此尊面相較偏尼藏風貌，背光浮雕則偏印度犍陀羅時期風格，二種造像風格本質雖異，但所呈現後卻極為融合，為少見之逸品。

釋迦牟尼佛・銅仿石質印度風格

正直捨方便，但說無上道。

　　佛像藝術起源於印度，隨著傳法僧人和商旅隊伍漸進傳進中土。佛與菩薩的容顏相貌，外相上不僅呈現佛教藝術之美，本質裡更蘊含深廣佛法義理，如常見的慈視眾生紺目相、智慧圓滿肉髻相、演說妙法廣長舌相等，能使觀像者常有「見佛如面佛」之法喜親切感，油然而生。

　　此尊銅仿石質釋迦牟尼佛立像，法相沉靜端秀，雙眼垂視，表情寧靜卻又散發出莊嚴華貴。左手握持法衣，右手施與願印，身穿薄衣貼體袈裟，下擺較短，露出雙足，軀體曲線顯露，神情樸素安祥端立蓮台上，兼具印度及漢化佛像風格。

059

釋迦牟尼佛・鎏金

無量諸眾生，悉發菩提心，
彼心令剎海，住劫恆清淨。

　　宋《集韻》：「美金謂之鎏」，鎏金
就是鍍金於物件上的裝飾工藝，又稱火鍍
金。據考證，鎏金技術約始於戰國，普現
於兩漢，盛行於隋唐，一直延續至明清至
今。製作精美、紋飾絢麗的鎏金銅佛不僅
具有宗教意義，還是古代國力經濟、文化
藝術的總聚體現，具有極高的藝術價值。

　　使用黃銅或青銅、紅銅所鑄造，表面
覆有鎏金的佛造像，一般俗稱為「銅鎏金
佛像」。鎏金之製作方法是將金泥與水銀
混合熔化後，塗佈在銅器表面，經高溫煉
烤後，使金泥固著於銅表面，之後再加以
打磨即成。

　　此尊銅鎏金勝者釋迦牟尼佛像，一面
二臂，右手為觸地印，左手等持印，手上持
缽充滿甘露，色如純金，頂具肉髻，身披
袈裟，相好寂靜，雙足金剛跏趺坐於蓮座
上，銅質通體鎏金勻佈，極為莊嚴優美。

佛部 2 阿彌陀佛

樟木極彩

阿彌陀佛，又稱無量清淨佛、無量光佛、無量壽佛，號甘露王如來，在大乘佛教信仰中，各宗派普遍接受阿彌陀佛，淨土宗更以專心信仰阿彌陀佛為其主要特色。受淨土宗的影響，在唐朝之後，阿彌陀佛成為漢傳佛教中的信仰主流之一。後期的中國佛教徒，多以藥師如來主消災延壽、阿彌陀佛主往生事。

在藏傳佛教中，無量光佛與無量壽佛以不同的外形出現：求智慧者，應求無量光佛，修長壽法門時，則求無量壽佛。漢地所塑的阿彌陀佛像，多是無量壽佛，至於無量光佛像則極為少見。或有說，阿彌陀佛為法身佛，無量光佛為應化身佛，無量壽佛為報身佛。宣揚淨土信仰的五代永明延壽大師，曾云：「有禪無淨土，十人九蹉路，陰境若現前，瞥爾隨他去。無禪有淨土，萬修萬人去，但得見彌陀，何愁不開悟？」足見彌陀法門之殊勝。

《阿彌陀經》：「彼佛光明無量，照十方國，無所障礙，是故號為阿彌陀。又舍利弗。彼佛壽命，及其人民，無量無邊阿僧祇劫，故名阿彌陀。」「南無阿彌陀佛」義曰：皈依阿彌陀佛，「南無」是梵文音譯，意為致敬、歸敬、歸命的意思，是佛教徒一心歸順予彌陀之語。隨著淨土宗在中國的普及，阿彌陀佛四字已經成為一般中國佛教徒間的問候語了。

阿彌陀佛身金色，
相好光明無等倫；
白毫宛轉五須彌，
紺目澄清四大海。
光中化佛無數億，
化菩薩眾亦無邊；
四十八願度眾生，
九品咸令登彼岸。

阿彌陀佛・鎏金

　　著名的《拔一切業障根本得生淨土陀羅尼》，俗稱往生咒，咒中稱阿彌陀佛為「阿彌唎都」。阿彌唎都，為印度傳說中的不死之藥，意譯為「甘露」，表示永生之義，佛教以此來表示永遠的涅槃，亦有「甘露味」、「甘露道」等等的說法。因無量壽佛，梵音與「阿彌唎都」相近，且壽命無量，因此又有甘露王如來的稱號。

　　阿彌陀佛是西方極樂世界的教主，與觀音菩薩、大勢至菩薩合稱「西方三聖」，是大乘佛教中流傳最廣泛之佛。阿彌陀佛不捨悲願，以無盡願力誓渡一切眾生，以無量光明照行者，滅除眾生的業障重罪。

　　此尊鎏金阿彌陀佛像，一面二臂，具頂髻，法相莊嚴，佛面相飽滿，身半披袈裟，袈裟上雕刻美麗吉祥花紋，典雅華麗。

阿彌陀佛接引像‧青銅

關於阿彌陀佛的信仰，很早就傳入中國，在《佛說阿彌陀經》、《無量壽經》、《觀無壽量經》都詳述西方極樂世界的殊勝莊嚴。北魏時期，各種阿彌陀佛的造像已經出現。阿彌陀佛相好莊嚴，光明遍照，端正無比，有跏趺坐於蓮台上或端立於蓮台上，手做九品來迎手印或說法印等，也有手持蓮台，表示接引眾生往生西方，蓮花化生之意。

著名的「阿彌陀佛來迎圖」即是指描繪接引信眾往生西方極樂世界的佛畫，分別有阿彌陀佛單尊來迎圖和阿彌陀佛三尊來迎圖，也有阿彌陀佛和聖眾來迎圖等。

此尊銅質精鑄阿彌陀佛接引像，一面二臂，佛面像豐腴寂靜，五官端祥，有人性親和之美。身著貼體袈裟，衣紋流暢，右手上抬，右手垂下，二手掌自然併攏，成接引手印，其身體修長厚實，身軀微頃的站立姿，代表隨時接引眾生至極樂淨土。

藥師佛 · 樟木極彩

藥師佛，又作藥師如來、藥師琉璃光如來、大醫王佛、醫王善逝、十二願王。藥師佛與釋迦牟尼佛、阿彌陀佛三尊為「橫三世佛」，亦稱「三寶佛」。藥師佛於過去世，行菩薩道時，曾發十二微妙大願，願為眾生解除病苦，消災延壽，導入解脫，故依此願而成佛，住東方淨琉璃世界。以琉璃為名，乃取譬琉璃之光明透徹以表示國土清淨無染污。

關於藥師如來信仰，在《藥師如來本願功德經》和《藥師七佛本願功德經》裏描述：此法門具足現世祈願圓滿和來世福德增上之功德利益，所以自古在中國普遍盛行著。與阿彌陀佛法門一樣，藥師佛法門同樣鼓勵命終往生淨土，虔心信仰者再加上蒙藥師佛願力加被，現世即得利益安樂、增福延壽、消災免難，淨除修行障礙。

一般而言，尚未開悟的眾生都會有各種煩惱困擾騷亂身心，特別是貪、瞋、痴三毒，相互雜染，繼而產生的八萬四千種不同煩惱。由於心理方面已有如此多的煩惱，因而導致生理方面的疾病產生，使身體常受病苦之亂。藥師佛願力的顯現即是消除這些煩惱，使免於受其苦，除一切災劫病苦。而藥師佛所賜的「藥」，乃是指佛法的良藥，不僅是能除信仰者肉身的病苦，而且能醫世人的心病。

此尊樟木極彩藥師如來像，一面二臂，膚色淨白，慈眼視眾，相好莊嚴，身著袈裟，袈裟繪以唐式敦煌極彩畫風，象徵佛身之尊貴。左手持藥缽（有些造像則會執持寶珠、藥器、無價珠）置於左膝前，右手施無畏印，象徵施予無怖給眾生，使其心安，無所畏怖。雙足跏趺端坐於多層藍色蓮瓣蓮座上，安住於幟燃的智慧烈焰背光中。

藥師如來琉璃光，
燄網莊嚴無等倫，
無邊行願利有情，
各遂所求皆不退。

藥師佛・鎏金

藥師琉璃光如來，簡稱藥師佛，是東方淨琉璃世界佛國的教主。此佛在行菩薩道時，曾發十二大願，其中第七願：願成佛時，若諸有情，眾病逼切，無救無歸，無醫無藥，無親無家，貧窮多苦，一聞其名號，眾病悉除，身心安樂，家屬資具，悉皆豐足乃至成佛，所以稱為藥師。又第二願：願成佛時，身如琉璃，內外明徹，淨無瑕穢，光明廣大，過於日月，故稱為琉璃光。藥師如來像的背光常有七尊化佛，左右常有日光菩薩和月光菩薩，合稱「東方三聖」。

依唐代義淨譯《藥師琉璃光七佛本願功德經》載：「藥師佛又作七佛藥師，即善稱名吉祥王如來、寶月智嚴光音自在王如來、金色寶光妙行成就如來、無憂最勝吉祥如來、法海雷音如來、法海慧遊戲神通如來、藥師琉璃光如來。」其中，前六如來為藥師如來之分身。若加上釋迦牟尼佛，則稱為藥師八佛；再加上阿彌陀佛，亦有稱為藥師九佛。

此尊銅鎏金藥師佛像，一面二臂，面容寂靜，雙目垂俯，慈視眾生。偏袒右肩，身著袈裟，右手執持藥訶子，左手施禪定印托著藥缽，其身後有背光莊嚴，金剛雙跏趺端坐雙層蓮座之上，整尊造像工藝細膩，靜定沉穩，盡顯大器。

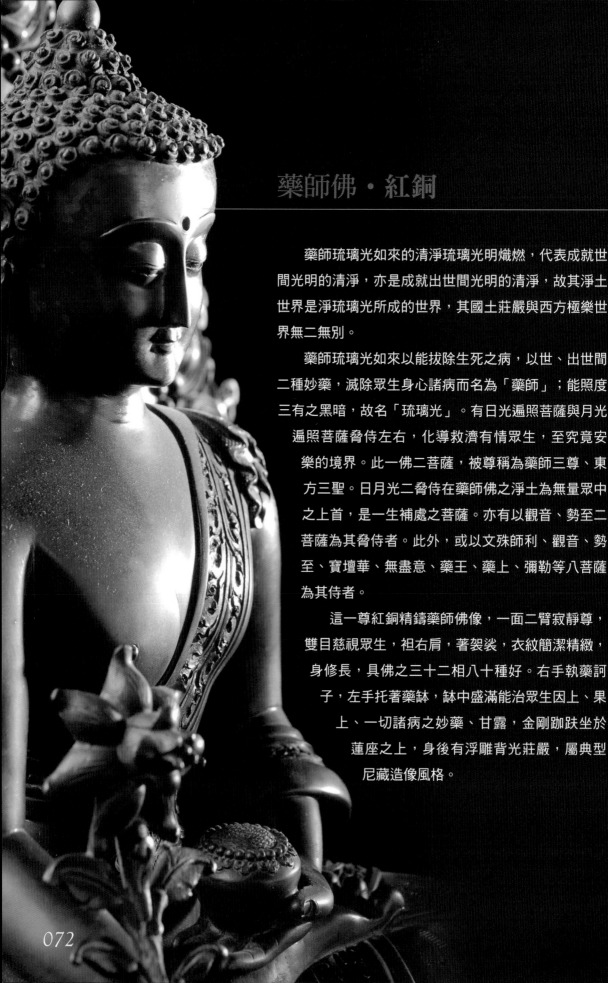

藥師佛‧紅銅

　　藥師琉璃光如來的清淨琉璃光明熾燃，代表成就世間光明的清淨，亦是成就出世間光明的清淨，故其淨土世界是淨琉璃光所成的世界，其國土莊嚴與西方極樂世界無二無別。

　　藥師琉璃光如來以能拔除生死之病，以世、出世間二種妙藥，滅除眾生身心諸病而名為「藥師」；能照度三有之黑暗，故名「琉璃光」。有日光遍照菩薩與月光遍照菩薩脅侍左右，化導救濟有情眾生，至究竟安樂的境界。此一佛二菩薩，被尊稱為藥師三尊、東方三聖。日月光二脅侍在藥師佛之淨土為無量眾中之上首，是一生補處之菩薩。亦有以觀音、勢至二菩薩為其脅侍者。此外，或以文殊師利、觀音、勢至、寶壇華、無盡意、藥王、藥上、彌勒等八菩薩為其侍者。

　　這一尊紅銅精鑄藥師佛像，一面二臂寂靜尊，雙目慈視眾生，袒右肩，著袈裟，衣紋簡潔精緻，身修長，具佛之三十二相八十種好。右手執藥訶子，左手托著藥缽，缽中盛滿能治眾生因上、果上、一切諸病之妙藥、甘露，金剛跏趺坐於蓮座之上，身後有浮雕背光莊嚴，屬典型尼藏造像風格。

長壽佛・樟木極彩

長壽佛又名「無量壽佛」，無量表示不可計數、廣大無邊之意。長壽佛亦是法身「阿彌陀佛」之另一報身顯現，是「五方佛」蓮華部中的西方主尊，於胎藏界名為「無量壽」，金剛界則名「阿彌陀」。

長壽佛與白度母、尊勝佛母合稱為「長壽三尊」。一般相信，任何眾生如果能虔誠供養長壽佛，不僅能避免各種疾疫、病苦，更能消除現世一切障難，得自在長壽，身心安樂，命終往生西方極樂佛淨土等殊勝功德。

這一尊樟木所雕、極彩所繪之長壽佛，身如沉明淨雅之金色，一面二臂，雙手結定印置臍下，以金剛跏趺坐安住，手上置有盛滿無死甘露的長壽寶瓶，頭戴寶冠身穿彩緞天衣、以各種珠寶為項鍊、環釧瓔珞，為諸莊嚴配飾。

佛部 5 不動佛 · 鎏金

不動佛，又名阿閦佛，在佛教宇宙觀的五方佛系統當中，不動佛位居東方，為東方金剛部之部主。當不動佛成佛時，曾立下了一個不對任何眾生起瞋心的大願，即使為人所怨也不退轉，不為瞋恚而動，因此是為「不動」。

不動佛，也譯為無怒佛、無瞋恚佛，為大乘佛教信仰中，東方妙喜世界的佛陀，地位等同於西方極樂世界的阿彌陀佛。不動佛信仰與阿彌陀佛信仰皆起源於大乘佛教早期，不過同屬大乘的漢傳佛教中，另外一位東方琉璃世界的藥師佛則較為人知。在藏傳佛教與密宗信仰中，不動佛是金剛界五智如來中的東方如來，代表「大圓鏡智」，對治五毒中的「瞋」。

此尊全鎏金不動佛，右手結「觸地印」，左手結「等持印」，雙足跏趺座，於蓮花月墊上置有五股金剛杵，表徵為降服諸魔。比較特別的是：一般不動佛的造像中，金剛杵是直立於左手的等持印上，但此尊佛像則是橫放月墊上。

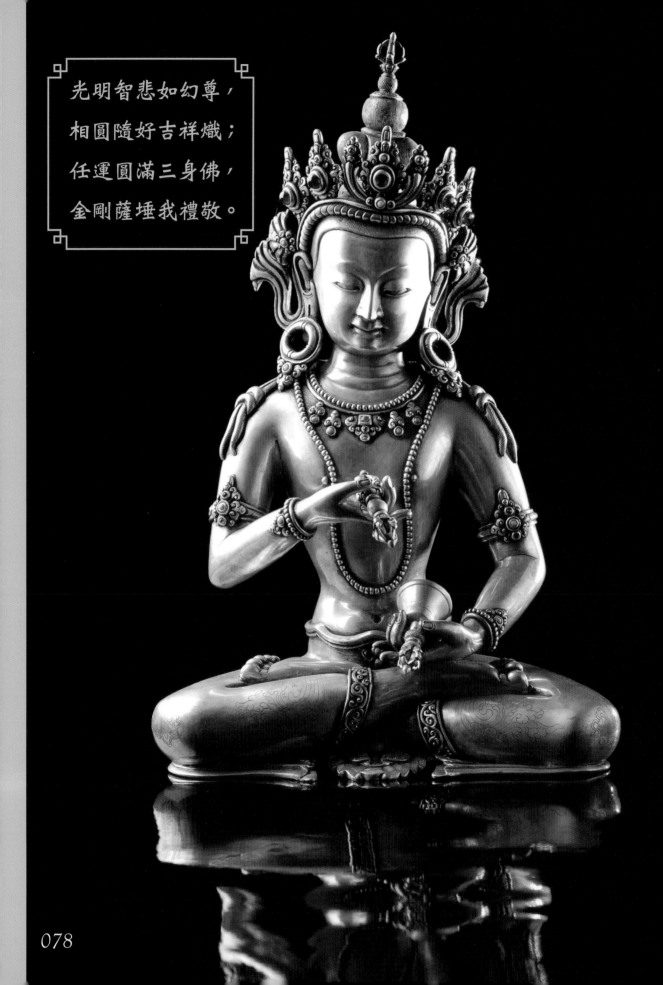

光明智悲如幻尊，
相圓隨好吉祥熾；
任運圓滿三身佛，
金剛薩埵我禮敬。

佛部 6 金剛薩埵·鎏金、鎏銀

這尊鎏金的金剛薩埵造像頭戴五葉佛冠，頂束金剛髻，面相慈善，儀容溫婉。左手金剛鈴放置於大腿，右手金剛杵持於心間，跏趺坐於蓮臺上，胸前項鏈、臂釧及瓔珞加工精細，滿嵌珠石。上身略側轉，頭微右偏，體態動感強烈。上身赤裸，腰肢收束，腹部肌肉起伏自然，深具尼泊爾造像注重人體表現的特點。全像用料考究，造型端莊秀美，鑄造及嵌錯工藝精湛。

金剛薩埵，梵文Vajrasattva，又稱金剛薩埵，藏文譯音為「多傑僧巴」，依藏傳佛教舊譯派（寧瑪傳承）最高之內密乘宗義所言，金剛薩埵即一切諸佛本質，為五方佛、無量諸佛、一切密乘本尊之主。

密續中記載，金剛薩埵曾言：「當我證得無上菩提，若有犯五逆業而馬上招感果報、犯三昧耶戒的眾生等，凡聽聞吾名、憶念吾、或持百字明咒，一切諸惡業皆消除！」從金剛薩埵的發心，可見得其擁有百佛眷屬的本質，更是五方一切諸佛的總集。

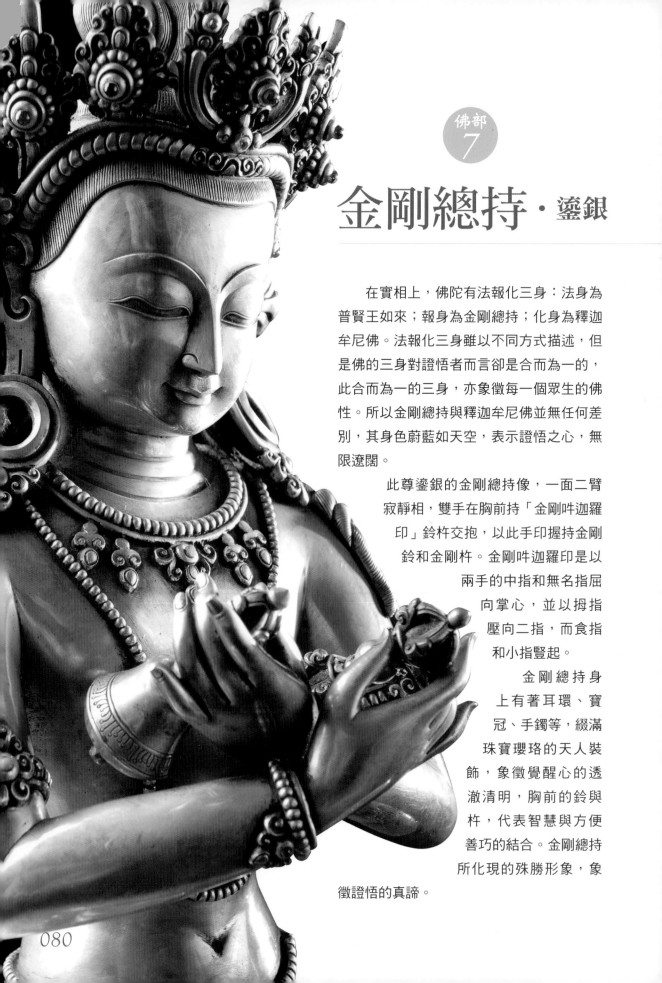

金剛總持・鎏銀

在實相上，佛陀有法報化三身：法身為普賢王如來；報身為金剛總持；化身為釋迦牟尼佛。法報化三身雖以不同方式描述，但是佛的三身對證悟者而言卻是合而為一的，此合而為一的三身，亦象徵每一個眾生的佛性。所以金剛總持與釋迦牟尼佛並無任何差別，其身色蔚藍如天空，表示證悟之心，無限遼闊。

此尊鎏銀的金剛總持像，一面二臂寂靜相，雙手在胸前持「金剛吽迦羅印」鈴杵交抱，以此手印握持金剛鈴和金剛杵。金剛吽迦羅印是以兩手的中指和無名指屈向掌心，並以拇指壓向二指，而食指和小指豎起。

金剛總持身上有著耳環、寶冠、手鐲等，綴滿珠寶瓔珞的天人裝飾，象徵覺醒心的透澈清明，胸前的鈴與杵，代表智慧與方便善巧的結合。金剛總持所化現的殊勝形象，象徵證悟的真諦。

總攝諸佛智悲力，
開示深密大海語；
三學神聖殊勝身，
法身上師我頂禮。

觀音部

【觀音部・簡介】

慈眼視眾生，悲心無等倫，
稽首觀音尊，我等虔禮敬。

觀世音菩薩，又譯為光世音菩薩、觀自在菩薩。觀音是觀世音的略稱，因避唐太宗李世民諱，故去「世」字。觀音菩薩為十方諸佛之菩提心所化現，久遠劫之前已成正等正覺，為古佛再來，佛號「正法明如來」，在今之娑婆世界悲心無盡，慈願莫窮，尋聲救苦，現菩薩身隨感而應以度眾。佛家經典中，觀音菩薩有著諸多名號，例如：「施無畏者」、「施無畏菩薩」是以其力施而立名，「南海大士」是以其道場而立名，「大慈菩薩」是以其心願而立名，「圓通大士」是以其智慧而立名，「大悲聖者」是以其福德而立名，「聖中佛」是以其果位而立名，「白衣大士」則是以其淨聖而立名。

觀音菩薩與婆娑世界眾生特有勝緣，因經常示現不同法相救度眾生，法相眾多，為度眾生倒駕慈航，現菩薩身像。觀音菩薩行無緣大慈，運同體大悲，大慈予人樂，大悲拔人苦，在智、悲、行、願之中，觀音菩薩在娑婆人間救苦救難的品格，使其成為慈悲的化身。

觀音象徵泛在的真理，無一定形象且無所不在，是眾生的保護者。漢傳佛教認為觀音菩薩有三十三應化身並無色身與男女相的執著，一一普現：佛、天人、羅漢、男相、女相、童子、官員、居士等身相，眾生應以何身得度，觀音菩薩則現何身而為說法隨緣救度，無有分別。

在古印度佛教中，觀音菩薩多現男相，中國六朝以後，寺院中觀音常作女相，唐以後女相觀音更盛，因應廣大信眾的需求轉化為慈悲的女性形象，以女性的母愛和慈悲象徵觀音菩薩救度眾生的悲願。南宋之後，觀音菩薩女相已經深植百姓心中，故在漢地有「家家彌勒佛、戶戶觀世音」之語。

觀音 1 白衣觀音

樟木極彩

　　白衣觀音，形象莊嚴神聖，慈祥可敬，因其身穿白衣，又在白蓮之中，因而就其衣飾名為「白衣」，尊稱為白衣觀自在，密號離垢金剛、離苦金剛，是三十三觀音中代表比丘、比丘尼之應化示現。

　　一般而言，白衣觀音法相均為二臂像，手持的法器或印契有種種不同：有左手持花，右手作與願印；有左手持寶劍，右手持柳枝；有左手持開敷蓮花，右手揚掌；有左手持棒或絹索，右手持般若經篋；亦有雙手捧缽，站立於蓮臺；其中以一手持蓮，一手托淨瓶的形象最為常見。

　　白衣觀音在民間極受崇拜，被認為可以消災延命、保家平安，婦人求子、育兒等多所禮拜之，尤其在台灣諸多觀音廟宇，多以此法相為主尊度化有情，其「白衣神咒」更深受信眾歡迎。

　　此尊樟木極彩白衣觀音立像，觀音面慈容善，身披淡素雅緻之白衣，衣上繪有唐式極彩紋飾以莊嚴，右手作與願印於心間，左手持念珠於臍前，時時觀照世間眾生，尋聲救苦。

大慈白衣觀世音，隨緣赴感應群機，
三昧辯才善誘誨，妙德圓成證菩提。

白衣觀音・樟木極彩

依《大方廣華嚴經》「入法界品」中，記載觀音菩薩住在南方光明山之西方，阿流泉浴地，林木鬱茂之處，善財童子曾到此光明山，進謁觀音菩薩，向菩薩問法。

依經文云：「西面巖谷之中，泉流縈映，樹木蓊鬱，香草柔軟，右旋布地，觀自在菩薩於金剛寶石上結跏趺坐，無量菩薩皆坐寶石恭敬圍繞，而為宣說大慈悲法，令其攝受一切眾生。」此種造像於民間常見，尤其到宋元以後，在繪畫題材中，每每可見到「善財童子參見觀音菩薩」之形像，一如經文所描述者。

此尊樟木極彩白衣觀音與善財像，一面二臂，面容寂靜優雅，上著淡色素雅天衣，下著長裙，頂梳妙鬘高髻，髻中有化佛，雙手執持念珠，置於臍前，善財童子赤足跪於觀音右側，頭挽童髻，腰負包笈，雙手合十向菩薩求法，

持珠觀音

樟木極彩

　　據印度婆羅門教經典《梨俱吠陀》記載，早在西元前七世紀，天竺已有「觀世音」的傳說。

　　觀音菩薩有各種不同名稱和形象，有六觀音、七觀音、三十三觀音、送子觀音等等，中國在六朝後，寺院中觀音常作女相，唐代以後女相觀音更為盛行，成為解救一切受難者，大慈大悲的大菩薩。

　　本尊樟木極彩貼金持珠觀音像，為觀音三十三相中白衣觀音之另一造型。觀音眉目修長，面容寂靜，慈眼視眾，雙唇微抿，手持念珠，儀態溫婉，披淡色素雅天衣，胸前飾有瓔珞，腰間繫帶，富有裝飾意味。下著長裙，裙角自然下垂覆於台座之上，衣紋流暢，生動曲折，一如漢地造像曹衣出水式的寫實性表現手法，工藝精細，亦繼承了注重衣褶刻劃的傳統。

真觀清淨觀，廣大智慧觀；
悲觀及慈觀，常願常瞻仰。

089

觀音 3　水月觀音 · 漢白玉

　　水月觀音，又稱吉祥水月觀世音、自在觀音，屬於三十三觀音化現之一，代表居士身和辟支佛身的示現。水月喻諸法如水中月而無實體，乃觀音一心觀水中之月比喻佛法中「色空」的意理。因此之故，此尊示現的形象多與水中之月有關，如圓輪月、月映水等意象表示。

　　水月觀音在早期佛教經典中並沒有出處，一般相信是佛教傳到中國後，與漢地文化融合而產生的。目前學術界多所認為，水月觀音應為中唐畫家周昉所創，周昉根據玄奘《大唐西域記》記載的普陀洛伽山中的觀自在菩薩，而妙創水月之體，之後並在各地流傳開來；亦有另一說為宋代丘子靖工筆所繪的遊戲坐姿觀音所演化。

　　晚唐、五代時期的水月觀音像已在各地寺院壁畫中能夠見到，五代時期所見的水月觀音為男性形象，面部有鬍鬚。北宋以後水月觀音的影響日漸擴大，人們對水月觀音的崇拜已深入到民間各個階層，表現形式豐富多樣，所見水月觀音形象已演變為偏女性的形象，多是面容嬌美，體態多姿，氣質雍容典雅，充滿智慧和慈悲。

　　此尊漢白玉水月觀音像，一面二臂，身色潔白，於岩石上遊戲坐，觀望輝映在眼下水面的月光倒影，上著天衣，纓絡莊嚴，呈現水定的禪定法相，思維觀照。

吉祥水月觀世音，
寶光常寂照三途；
解結怨瞋八難苦，
周偏寂湛大悲母。

水月觀音・青銅

白居易贊水月觀音像：「淨淥水上，虛白光中，一睹其相，萬緣皆空」。

據佛經記載，觀音菩薩住於南海普陀洛伽山，傳說此地為幽美勝境，據說也正是水月觀音的由來。水月觀音的形象一般都是以一輪明月為背景，觀音跏趺坐或自在坐於岩石或蓮座之上，周圍有月照水、水映月之景，觀音坐於其中，給人一種靜謐的美感。此種造像淡化了宗教本身的嚴謹，展現了人性面的自在。

此尊水月觀音銅質鑄像，坐於大海中的岩石上，背有象徵光明智慧的圓輪之月，觀音面容慈雅自在，身著天衣，飾有纓絡，垂左足，右足豎膝，右手倚靠於右膝之上，觀水中月影狀，作思維之相，月下飄蕩海面觀月，以喻諸法如水中月而無實體。

水月觀音・青銅

　　有關水月觀音的源由，有許多不同說法，或有世人以其為胎藏界曼荼羅觀音院中的水吉祥菩薩同尊等。佛教淨土宗各派都推許「水月觀音」之觀想法，敦煌千佛洞中亦有水月觀音畫片出土。

　　水月觀音的形象有多種，根據《圖像鈔》卷七所載：水月觀音坐於大海中的岩石上，垂左足，右足豎膝，與左膝相叉鉤，面部微上仰，作思維之相。修持水月觀音法門，除主度脫一切危難，求財得寶，官位高陞，尚能使身心清淨，猶如水中之月，皎潔光明。

　　此尊觀音神情慈藹，雙目向下而視，天衣纓絡莊嚴其身，自在端坐於湧起於海中的波浪上，注視水中之月。右側有善財童子，雙手合掌，跪於浪上，面向觀音，作童子拜觀音之相，作品極富禪意，也展現了力學之美。

妙音觀世音，梵音海潮音，勝彼世間音，是故須常念。

觀音 4 楊柳觀音・樟木極彩

　　觀音菩薩是阿彌陀佛的脅侍菩薩，因此觀音的寶冠裡，往往安置阿彌陀佛像，淨瓶內盛甘露，比喻滌除眾生無明塵垢，楊柳枝代表觀音拔苦濟難的特質。

　　楊柳觀音隨順眾生願望，時刻利益眾生，恰似楊柳隨風蕩漾因而得名，其形相爲右手執楊枝，左手執金瓶。楊柳觀音的圖像典據劉宋竺難提所譯之《請觀音經》，旨在突顯觀世音菩薩能夠解除眾生病苦的特質，是隋代以來最常見觀音圖像之一。

多羅觀音

樟木極彩

多羅觀音就是度母，其義本為眼瞳，從觀音眼中所生，其位於觀自在菩薩之西方，是觀音部佛母，密號悲生金剛，密教諸經中對此尊形像有不同描述，藏密則對多羅尊觀音極為尊崇，也就是常見的綠度母。

多羅觀音，右手持楊枝遍灑甘露，左手捧蓮華，兩者皆是智慧與清淨的象徵。《普門品》：「或值怨賊繞，各執刀加害，念彼觀音力，咸即起慈心。」此段經文形容多羅觀音救度眾生極為迅疾，催滅魔業極為勇猛。

佛教經論中記載，多羅觀音法門具足了一切息增懷誅的功德，能夠消除一切眾生的煩惱、痛苦，滿足一切眾生願求，增長現世富貴長壽、平安吉祥，消除病苦、違緣魔障，幫助眾生解脫生死苦海，獲得究竟安樂。

除障騎魚觀世音，
慈無能勝演圓音；
精真洞然眾業海，
六道迷蒙顯慈恩。

觀音 6 魚籃觀音

樟木極彩、紅珊瑚

魚籃觀音，亦稱提籃觀音、航海觀音，其法相多為腳踏鰲、魚或龍背，騎乘於上；或是手提盛魚竹籃的少婦形象。魚籃觀音來源有多種說法，有認為是依照《妙法蓮華經卷七‧觀世音菩薩普門品》所載「或遇惡羅剎，毒龍諸鬼等，念彼觀音力，時悉不敢害」當中經文之描述，所繪製的三十三觀世音菩薩應化身像之一。

《觀音感應傳》：「唐元和十二年，陝西金沙灘上，有一美女子攜籃鬻魚，人爭欲室之，惟馬氏子能誦法華經，故令具禮成婚。入門，女即死，有高僧告馬氏子云：此觀音示現以化汝耳。」故又稱「馬郎婦觀音」，魚籃觀音手提魚籃，立於浪花中，衣紋線與臉部輪廓線柔和生動，配色造型俱是上乘傑作。

另有一說，則認為魚籃觀音乃起源於唐宋時期民間信仰。據《冥祥記》載：「劉宋沙門竺惠廣，廣陵人，元嘉十二年

（西元四三五年）將入盧山，乘船至江，暴風忽起，飄颺江心，風急浪湧，數度欲覆，惠慶正心念誦觀世音真經，岸上有人，見觀音騎魚於江中，施展神力，遂安然抵岸。」因此後人認為此乃魚籃觀音救苦救難的事蹟。

這一尊紅珊瑚精刻觀音騎龍像，一面二臂，寂靜面容，上著天衣，下著長裙，瓔珞嚴飾，高髻妙鬘，髻中頂有化佛，左手持寶珠，置於胸前；右手持念珠，優雅地立於龍身之上。

觀音 7 一葉觀音 · 青銅

　　相傳日僧道元自中國返日時，遇暴風於南溟，道元即默禱觀音，忽見大悲尊乘一蓮葉浮於海上，風浪遂止，及登岸，刻造所睹觀音像奉于南溟觀音寺，故有此稱，表三十三身中之宰官身。

　　一葉觀音為自在半臥狀，右膝跏趺式，左膝弓起為此像之最突出之造形部份，頭戴珍寶高冠，面型刻製圓柔豐潤，神態安祥。胸前戴瓔珞，左手置於左膝上，右手倚於荷葉，左右兩飄帶及裙褶衣紋垂遮於葉上，悠閒徜徉於流水之中。

無垢清淨光，慧日破諸闇，
能伏災風火，普明照世間。

102

觀音 8　合掌觀音・樟木極彩、毛象牙

　　觀音，又名觀自在菩薩。亦即能「觀」諸法實相
得大「自在」，又不為境界所轉之聖者，合掌觀音表
三十三身中之婆羅門身。此尊觀音披肩及彩衣自然下
垂，長裙下擺覆於座上，衣紋栩栩如生；安詳寧靜的
神情與隨風擺動的飄帶，呈現自在解脫且放鬆的古典
造型與靜中有動、動中有靜的意境，使觀賞者心靈得
到解脫與歡喜，達到物我兩忘之境。

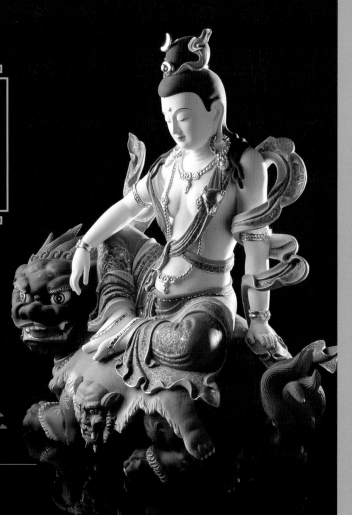

蘊含法身體性不動尊，
止息無邊有情眾生苦；
依於大慈自性無二身，
獅吼觀音尊前吾禮敬。

觀音
9

獅吼觀音
樟木極彩

　　獅吼觀音，漢譯亦名騎獅觀音、獅子無畏觀音，亦稱「阿摩提觀音」，為觀音菩薩的化身之一，是為降伏一切龍族所生的病苦，使三界眾生脫離苦海所化現的觀音，具有極為威猛的力量。此觀音在印度、中國都有流傳，為中國民間常見的觀音法相之一，因觀音騎坐於吼狀獅子之上，故稱名之。漢地佛教創造的騎獅觀音，獅子造型十分奇特，頭胸似龍、如麒麟，顯然是從中國古代瑞獸衍變而來。

　　修持本尊觀音獲成就者，可對治因龍族非人所致之病症，特別是對於邪術、咒詛之類的邪術侵害，修持獅吼觀音皆能有效抵擋，不受其害，並且仍然可以得到修持觀音法門所有的利益，比如自然生起菩提心、臨終往生極樂世界或者觀音淨土等。

　　此尊樟木極彩獅吼觀音像，一面二臂，身白色，身上披掛珍寶瓔珞，耳有環嚴飾，身姿略側，著披天衣，以「國王遊戲」姿，安然坐於一頭紅髯毛的青獅上，獅背上鋪有獸皮坐墊，獅頭微向上迴轉側看，菩薩安住其上，神色悠然自得，內具降伏三界之力，外相穩如泰山。

觀音 10 千手千眼觀音

漢式站姿‧樟木極彩

千手千眼觀音是大悲觀音的化身之一，受到各個佛教傳承的尊崇，並以慈悲之名廣為人知，其咒語便是極負盛名的「大悲心陀羅尼」，亦名「大悲咒」。

觀音的誓願是引導一切眾生從迷妄無明中到覺悟光明的彼岸。經典記載：「菩薩為體憫眾苦，大發慈悲，誓要度盡眾生，欲除一切眾生之無明、迷妄，救度世人使免墜三塗之苦，若願不能償，自己的頭便裂十份，身體分解為千份。」

然茫茫世界，芸芸眾生照應極難，眾生造業之速，救不勝救，觀音絕望之餘，退心毀其誓句。此時，頭逐裂為十塊，身手也碎成千片殘肢。幸其上師阿彌陀佛加持，將碎片合為千手千眼之形象，阿彌陀佛鼓勵觀音勿退道心，繼續大悲度眾，即今日大眾所見千手千眼造像之由來。

千手千眼觀音／漢式坐姿・樟木極彩

《楞嚴經》：「觀世音菩薩以修證通無上道故，能現眾多妙容，由一首三首，乃至一百八首、千首、萬首、八萬四千爍迦羅首，由二臂四臂，乃至一百八臂、千臂、萬臂、八萬四千母陀羅臂，由二首三目，乃至一百八目、千目、萬目、八萬四千清淨寶目云。」

此尊樟木極彩千手千眼觀音像，為漢傳佛教常見造型。觀音面容慈祥，頭戴化佛冠，面相豐圓，身著天衣，飾以瓔珞環釧，神態端莊，結跏趺坐於蓮花上，主臂雙手合十，其餘主臂結不同手印，持寶珠、弓箭等法器，其他手臂排列於身後兩側，組合成圓形的背光，象徵著慈悲與力量，表示救度一切眾生的願望。

109

千手千眼觀音／藏式・鎏金

千手千眼觀自在菩薩，密號為大悲金剛。《千光眼秘密經》云：「此尊為救度眾生，故具有千手千眼。」千手千眼之意，表示能自在地救渡一切有情，

此尊全鎏金千手千眼觀音像，為藏傳佛教常見造型，共有十一面，二足立於蓮花座之上，每面皆戴佛冠、耳環，身珍寶瓔珞，千手代表千名轉輪王，千眼代表賢劫千佛，最頂面為阿彌陀佛。

觀音身穿綢裙衣，鹿皮批於左胸，中央二手合掌胸前，代表領會一切法性。右二手持水晶念珠，表悲心不斷；右三手以施勝印，表解救餓鬼；右四手持法輪，表利益眾生。左二手持蓮花，表無輪迴過患；左三手持淨瓶，表淨除煩惱，左四手持弓箭，表方便及智慧雙運。其餘則持施勝印，象徵施眾生各種成就。

蓮月輪上自性觀世音，
瑩白微笑一面四臂尊；
相好吉祥熾勝珍寶飾，
無上大悲怙主敬頂禮。

四臂觀音·鎏金

觀音菩薩的崇拜最早於西元前一世紀隨佛教傳入中國,並於七世紀中葉傳入西藏,當時傳入西藏以四臂觀音法相為主。

四臂觀音為大悲觀世音菩薩諸多化現的其中一種應化身。菩薩身著綢緞及種種纓絡,低眉慈視一切眾生,顯現莊嚴報身。前兩臂合掌當胸並持滿願如意寶珠,後兩臂高舉至肩,右後手持一串念珠,表示無止盡的救渡眾生出離輪迴,左手持一白蓮花,代表淨化一切煩惱。四臂另外也代表四種佛行(息、增、懷、誅)及四無量心(慈、悲、喜、捨)的意義。

四臂觀音左肩的鹿皮表示慈悲純正的心,頂上五方佛冠代表五方的智慧;金剛跏趺坐姿代表禪定穩固的境界。端坐在月輪之上,代表慈悲方便,其下的蓮花則是象徵已臻清淨之悉地。四臂觀音心咒為眾所周知的「六字大明咒」,得以淨化六道眾生的惡業習障,圓滿獲得成就果位。

此尊紅銅全鎏金之四臂觀音像,一面四臂,面容寂靜,莊嚴低目慈視眾生,表情優雅含笑,菩薩頭戴五佛冠,身著綢緞及纓絡,表示莊嚴報身相;雙腳跏趺坐於蓮花月輪上,中央前兩臂合掌當胸並持如意寶,右手持水晶念珠,左手持白蓮華,身色清淨無瑕。

觀音 12 準提觀音・象牙

準提菩薩，又稱準提觀音、天人丈夫觀音、準提佛母等，為六觀音之一，密號最勝金剛。為佛教中顯、密二乘所共尊的大菩薩，蓮花部諸尊之母、七俱胝諸佛菩薩之母，一般認為是觀世音菩薩的化身之一。此觀音常成就眾生延命、除災、求子諸願，民間有謂明清流行之送子觀音即由准提觀音衍化而來。

此尊象牙精雕之準提觀音像，身色潔白如月，頭戴五佛寶冠，面相豐腴，神態安詳地端坐蓮上。主臂兩手於胸前結印，其餘各臂各執法器，有寶劍、傘蓋、念珠、法輪、海螺等等。胸前垂掛瓔絡，身披天衣，衣紋清晰流暢，安住智慧光焰中，朗朗照耀加持眾生。本件作品雕琢工藝精湛細膩，線條含蓄中現剛勁，人物肌圓骨潤，極富美感。

觀音 13 白度母·鎏金

佛母勝身如月色，一面二臂具喜顏，
面如秋月光明相，窈窕柔善體端嚴。

白度母，為觀世音菩薩悲心之化現，又稱為增壽救度母，與無量壽佛、尊勝佛母合稱為「長壽三尊」。其雙手和雙足各生一眼，面有三眼，因而又稱為「七眼佛母」，菩薩額上之眼，能觀十方無量佛土，盡淨虛空界無有障礙，餘六眼觀六道眾生，凡為菩薩所觀者，皆得解脫。

此尊鎏金白度母像，一面二臂，戴五佛寶冠，髮烏黑，兩肩垂下髮辮，身著五色天衣彩裙，右手置膝，施接引印，左手當胸，以三寶印撚烏巴拉花，花梗沿手腕，由臂而上至耳際，烏巴拉花代表佛、法、僧三寶具足，雙足結跏趺自在坐於蓮花月輪上。白度母身著天衣綢裙，耳璫、手釧、指環、臂圈、腳鐲圓滿具足，寶珠瓔珞遍體，全身花鬘莊嚴，細腰豐乳如妙齡少女。

修持白度母法門獲成就者，能消除災劫，增長壽命福慧，斷輪迴之根，免除八難魔障、瘟疫病苦。

觀音14 綠度母·鎏銀

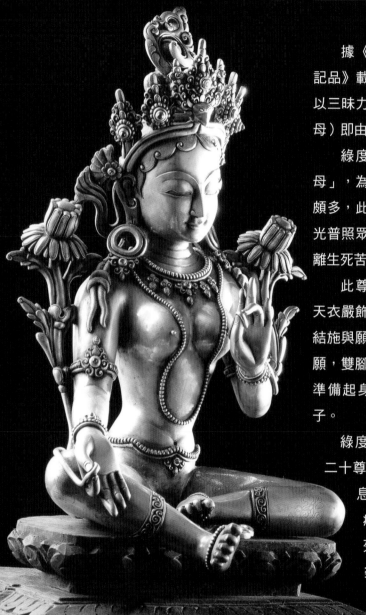

據《大方廣曼殊室利經·觀自在菩薩授記品》載：「觀自在菩薩入普光明多羅三昧，以三昧力，由眼中放大光明，多羅菩薩（綠度母）即由光明中而生。」

綠度母，亦譯「多羅菩薩」，或「救度母」，為觀世音菩薩的化現，度母化現之形象頗多，此尊是所有度母的主尊。綠度母以慈悲光普照眾生，憐憫眾生猶如慈母、救度眾生出離生死苦海。其密號為悲生金剛、行願金剛。

此尊綠度母法相，一面二臂，身著瓔珞天衣嚴飾，現慈悲相，左手拈烏巴拉花，右手結施與願印，象徵施於一切眾生無畏、慈悲滿願，雙腳屈左展右，右足踏在蓮花上表示隨時準備起身救度苦難眾生，如慈母一般拯救愛子。

綠度母為二十一度母的主尊，總攝其餘二十尊化身之所有功德，本尊心咒具足一切息增懷誅之功德，能消除一切眾生煩惱痛苦、滿足一切願求，幫助眾生解脫生死苦海，命終往生極樂，獲得究竟的安樂，因為其救度之迅速、摧滅魔業之勇猛，故又稱作「救度速勇母」。

綠度母・黃金

　　綠度母為藏密「二十一度母」之
主尊，據傳說為觀世音菩薩之淚所化
現，其形象通常為一面二臂，如意
坐姿，由於感應迅速，又稱為「速勇
母」，可將世間一切之苦難予以拯
救，因此在藏傳佛教女性諸尊中深受
信仰。

　　本尊為仿明永樂款之純黃金綠度母
像，度母面相方中見圓，丰滿端正，五
官勻稱，眉眼細長，靖穆柔美中略帶笑
意，細腰寬肩，肩、腰呈倒三角形，肩
上有盛開與半開的烏巴拉花各一；寶
冠、項飾、纓絡、耳環等裝飾繁縟；
蓮座上下各有一周鑲崁整齊的聯珠紋
飾以莊嚴。

　　此尊佛像選用了最上乘殊美的黃金
為材質，以先進的鑄造技巧，融合藏、漢兩
地造像風格而成，豪華精美，經典傳世，在
眾多造像中獨樹一幟。

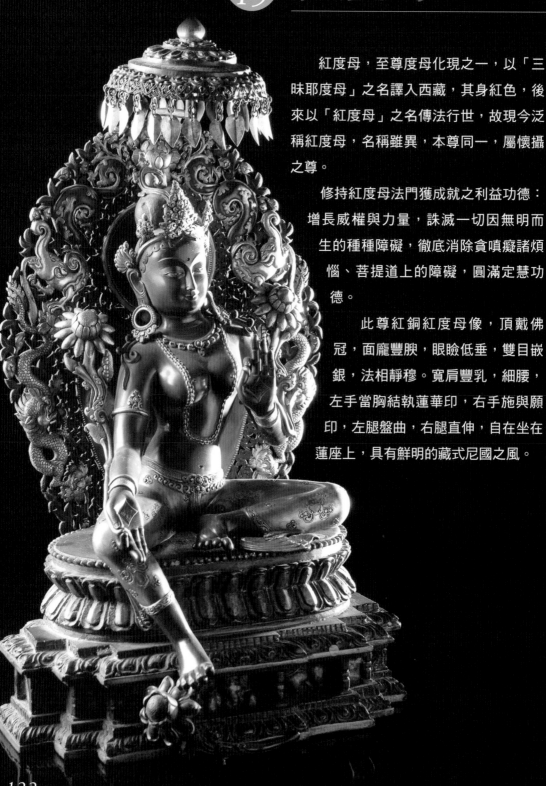

觀音 15 紅度母 · 紅銅

紅度母，至尊度母化現之一，以「三昧耶度母」之名譯入西藏，其身紅色，後來以「紅度母」之名傳法行世，故現今泛稱紅度母，名稱雖異，本尊同一，屬懷攝之尊。

修持紅度母法門獲成就之利益功德：增長威權與力量，誅滅一切因無明而生的種種障礙，徹底消除貪嗔癡諸煩惱、菩提道上的障礙，圓滿定慧功德。

此尊紅銅紅度母像，頂戴佛冠，面龐豐腴，眼瞼低垂，雙目嵌銀，法相靜穆。寬肩豐乳，細腰，左手當胸結執蓮華印，右手施與願印，左腿盤曲，右腿直伸，自在坐在蓮座上，具有鮮明的藏式尼國之風。

菩薩部

菩薩不以欲因緣故，惱一眾生，
寧捨身命，而終不作惱眾生事。

菩薩，全稱「菩提薩埵」，意為「覺有情」是指追求達到覺悟
的人或上求佛道下化眾生的覺悟者。

菩薩是立誓上求佛道，下度有情生，必須經過一定程度的修行
才獲得的階位。許多菩薩甚至是成佛後倒駕慈航又在某個佛座
下成為菩薩來幫助世人。菩薩主要的職責在於協助佛陀一起教化
眾生，傳播佛法及普渡眾生。

大乘佛教信仰者心目中的菩薩，多是垂眉低目，瓔珞披戴，莊嚴
萬分。菩薩基於強大的慈悲心，發下各種不同幫助眾生的心
願，來往於六道之中，讓眾生能有依怙。在大乘佛教經典裡
流傳最廣的菩薩有觀世音菩薩，文殊菩薩、普賢菩薩、地
藏菩薩、大勢至菩薩及彌勒菩薩等等，其中根據佛教經典
所述，彌勒菩薩將繼釋迦牟尼佛之後成佛，廣說佛法，
教化眾生，因此又被稱為未來佛。

文殊菩薩・樟木極彩

文殊菩薩，亦稱文殊師利或曼殊室利，佛教四大菩薩之一，是釋迦牟尼佛的左脅侍菩薩，代表聰明智慧。因德才超群，居菩薩之首，故亦稱法王子。文殊菩薩之名意譯為「妙吉祥」，是觀世音菩薩之外最受尊崇的大菩薩，在道教稱為文殊廣法天尊。

文殊菩薩和普賢菩薩為釋迦牟尼佛的左、右脅侍，合稱為「釋迦三尊」。

《處胎經》中，文殊菩薩曰：「昔為能仁師，今為佛弟子，二尊不並化，故我為菩薩。」在過去世，文殊曾為釋迦牟尼佛的老師，但因一個世界只能有一位能仁教化，所以在此娑婆世界文殊便權居釋迦牟尼佛的弟子之位。

一般常見的文殊菩薩相多為頭頂五髻的童子形貌，表示久已成就如來五智，但以本願因緣故，示作童真法王子之形貌以度有緣。此尊樟木極彩文殊菩薩像，一面二臂寂靜尊，金剛跏趺坐於獅子座上。菩薩身著天衣，頂戴天冠，頂結五髻，表佛五智。

右手持金剛寶劍，象徵以智慧劍斷除一切無明煩惱。左手持捧經典於胸前，表示不染諸法三昧，以心無所住故，即見實相。以青獅子為座騎，獅子表示智慧之力威猛無比，所向披靡，戰無不勝，無堅不摧。

文殊菩薩德難量，久成龍種上法王；
因憐眾生迷自性，特輔釋迦振玄綱。
為七佛師體莫測，作菩薩母用無方；
常住寂光應眾感，萬川一月影咸彰。

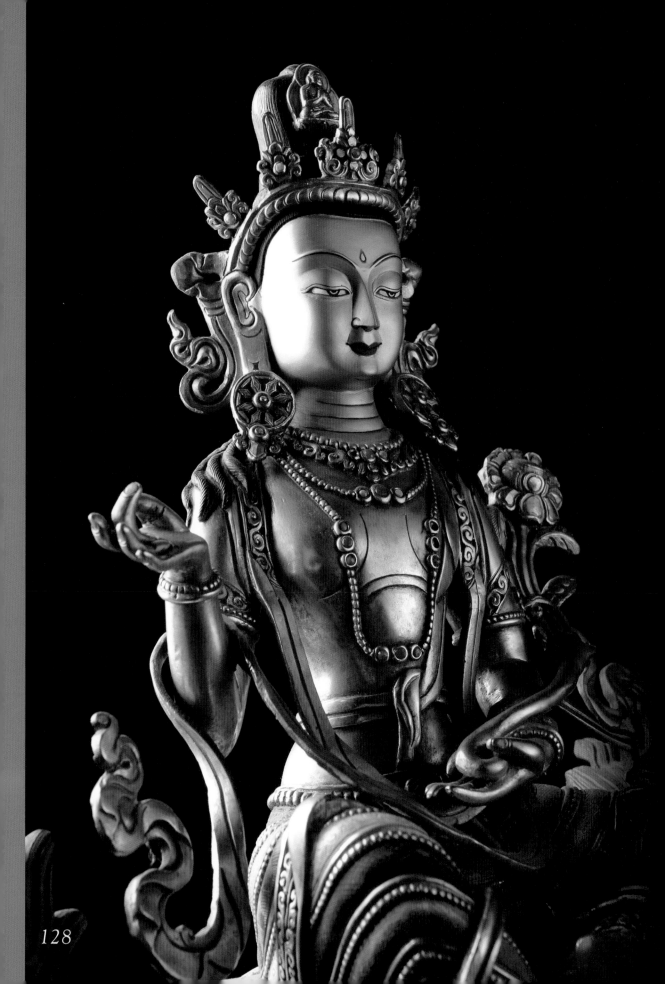

文殊菩薩 • 鎏金

文殊菩薩雖現菩薩身，實則在過去、現在、未來三世當中皆已成佛，如過去世號為「龍種上尊王如來」，現在世則為「歡喜藏摩尼寶積佛」，未來世則號「普現佛」，以是之故文殊又被稱作「三世覺母」。

在許多經典中，都推崇文殊為諸佛之師、諸佛之母，不僅因其智慧超群，更因其悲願深廣。文殊曾發誓言：「諸佛之中，若有一位，從初發心以至圓成佛道，非文殊之所勸發，文殊則不成佛。」由此可見其度眾悲願之廣大。

此尊全鎏金藏式文殊菩薩騎獅像，一面二臂寂靜尊，手持如意，頭戴五佛寶冠，身披瓔珞衣著，飄逸且雍容華貴，柔和中帶著雅靜，以遊戲自在姿坐於獅身上。獅子是獸中之王，有「獅子一吼，百獸膽裂」之說，因此經中常常將佛陀說法比喻為獅子吼，形容佛陀的法音對眾生有振聾發聵的作用。獅子作為文殊菩薩的座騎，則是表菩薩智慧猛利，能伏一切煩惱。

文殊菩薩・鎏銀

文殊菩薩，亦稱為大智文殊師利、文殊師利童子、三世諸佛成道之母、吉祥金剛、般若金剛等。大乘佛教以文殊是智慧的化身，號「智慧第一」，並位居諸菩薩之首。

在佛教繪塑作品中，通常作為釋尊的左脅侍，與釋尊、右脅侍普賢菩薩　合稱「釋迦三尊」。另外，又與毗盧遮那佛、普賢並稱為「華嚴三聖」。

本尊鎏銀文殊師利菩薩，一面二臂，全跏趺坐，右手高舉持著寶劍，左手掐捻一朵烏巴拉花，花上置有經書。頭戴五葉花冠，束髮高髻，寶珠頂嚴。面相方圓，長眉細目，眉間白毫，鼻梁高挺，表情寂靜。耳垂圓璫，旁髮垂於雙肩。上身袒露，胸前飾有瓔珞，臂部、手部、踝部都飾有釧環。下身著貼體長裙，採用了漢地寫實性的表現手法，兩腿間的裙褶自然流暢鋪於座面之上。

普賢菩薩德難量，
諸佛讚歎大願王，
七寶蓮台呈祥瑞，
六根清淨化白象，
憐憫愚頑迷自性，
來輔世尊建法幢，
住常寂光應眾感，
千江一月影顯彰。

普賢菩薩·樟木極彩、石刻

大日經疏：「普賢菩薩者，普是遍一切處，賢是最妙善義，謂菩提心所起願行，遍一切處，純一妙善，備具眾德。」普賢，又譯「遍吉」，梵名叫「三曼多跋陀羅」。普，化無不周；賢，鄰極亞聖。菩薩悲願，廣渡眾生，故稱「化無不周」；普賢菩薩的道行，已非常接近佛，故名「鄰極亞聖」。

普賢菩薩最為人所知的是所持之十種廣大願行，亦稱「普賢十大願」，分別為：一者禮敬諸佛，二者稱讚如來，三者廣修供養，四者懺悔業障，五者隨喜功德，六者請轉法輪，七者請佛住世，八者常隨佛學，九者恆順眾生，十者普皆回向。

普賢菩薩代表法身普遍吉祥，為諸佛的「理德」；行願普遍吉祥，為眾菩薩的「行德」：與文殊菩薩的智德及證德，正好互相呼應，普賢與文殊，同為上首菩薩，是輔弼釋迦佛的兩大協侍。普賢騎白象，侍在佛的右邊；文殊駕青獅，侍在佛的左邊。祂們與世尊的清淨法身「毗盧遮那佛」，合稱「華嚴三聖」。普賢行願廣大，文殊般若甚深，所以佛教便以二大菩薩來代表一切菩薩，因為佛法的寶貴在大智大行，祂們的智慧高深，行願廣大，也代表佛法的真義與精神。

善財童子參訪五十三位善知識而悟道，第五十三位就是「普賢菩薩」，可見聽經聞法之後，必須「起而行」，以求早登臻至善圓滿之境。

普賢菩薩·樟木極彩

　　《楞嚴經》中記載「：普賢菩薩誓言，若於
他方恆沙世界，有一眾生，心中發普賢行願者，
我即時乘六牙白象，分身百界，到發心者面前，
與之相見。假使彼因業障深重，未能見到我，我
也會暗中為他摩頂，護持安慰，使他所願皆得成
就。」由此可知，從發願起，便能得到菩薩的加
被。

　　普賢菩薩的坐騎是白象，「象」代表穩重。
經云：「那伽常在定，無有不定時」。「那伽」
是梵語，翻成中國意思是龍或是象。象，無論或
站立、或行走，都很緩慢，力大而穩重，所以常
用來形容菩薩的修行勇猛而穩健，不急不躁，
徐徐疾進。

　　此尊樟木極彩普賢菩薩騎象持捧經典像，
一面二臂，身白色，束髮成髻，上身著淡青色天
衣，下著寶藍裙，衣摺自然呈現，菩薩低
眉，雙手捧持經典，做思維閱讀狀，
半跏趺坐於寂靜白象之上，
白象為功德圓滿的象徵。

普賢菩薩 · 鎏金

　　中國佛教以四大菩薩為代表，第一位：九華山地藏菩薩，表孝親尊師。第二位：普陀山觀音菩薩，表大慈大悲。第三位：五臺山文殊菩薩，代表理智。第四位：峨嵋山普賢菩薩，代表實踐。四大菩薩代表整個佛法，也代表了佛法修學的次第。

　　普賢菩薩，是華嚴會上的上首菩薩，是菩薩最高行門的代表。經中說菩薩的身相及功德遍一切處，而且純一妙善，所以稱作普賢。華嚴三聖中，毗盧遮那佛居中，代表本體。文殊菩薩代表「解」，意即智慧、理性，不感情用事。普賢菩薩代表「行」，意即實踐，徹底落實。《華嚴經》云：普賢為長子，文殊為庶男，說明佛法特重實踐，應將所學、所解完全落實於日用平常中，才是真正學佛。

　　此尊銅質全鎏金藏式普賢菩薩像，一面二臂，頂戴五方佛寶冠，面如滿月，上身著天衣，下著裙，衣摺自然呈現，菩薩低眉，右手捧持經典，左手演化手印，自在坐於象背之上，象身金色，象徵尊貴與心地清淨；表菩薩以六度含攝萬行，牙尖破障，不畏一切違緣障礙。

菩薩 3 地藏菩薩·樟木極彩、毛象牙

「地」具有如同大地般安忍不動之意，而「藏」就代表深靜密處之意，所以「地藏」就是代表具有如大地般廣大悲心的菩薩。因其「安忍不動如大地，靜慮深密如祕藏」，故名地藏。地藏與觀音、文殊、普賢為佛教四大菩薩，深受世人敬仰。以其「久遠劫來屢發弘願」，故被尊稱為大願地藏王菩薩。

當釋迦牟尼佛到忉利天宮說法時，曾付囑地藏菩薩，要在釋迦牟尼佛入滅後與彌勒佛降生前的無佛世界，留住世間，教化六道眾生。以是之故，菩薩常現身天上、人間及地獄等處，救度眾生，自誓必定度盡六道眾生，方乃成佛，誠如《地藏經》所載：「地獄不空，誓不成佛；眾生度盡，方成菩提。」

中國佛教寺院中的地藏菩薩像極具特色，一般菩薩之造形多為頭戴寶冠、瓔珞裝飾、身披天衣的天人相。但依據《地藏菩薩儀軌》、《地藏菩薩十輪經》等載，

大士誓願不可測，
運悲周遍塵剎國；
眾生盡後誓方休，
地獄空時願始息。
受化多成無上道，
自身猶示聲聞跡；
祇緣生佛性唯一，
欲令同獲究竟即。

由於地藏菩薩在無佛的五濁惡世中濟
渡眾生，為了讓眾生能深信因果，皈
依三寶，所以多顯示為比丘相。

此尊象牙精雕地藏菩薩，一面
二臂，慈眉善目，右手持錫杖，左手
持寶珠，身披袈裟的出家僧人之相，
象牙色溫潤，雕工講究，更顯莊嚴大
器。

139

地藏菩薩 · 樟木極彩

　　梵語乞叉底蘗沙，譯為地藏。地即土地，具有七義：（一）能生義，喻菩薩能生一切善法。（二）能攝義，喻菩薩能攝取一切善法於大覺心中。（三）能載義，喻菩薩能負載一切眾生，由眾苦交煎的此岸，運載到清涼的彼岸。（四）能藏義，喻菩薩能含藏一切妙法。（五）能持義，喻菩薩能總持一切妙善，使其增長。（六）能依義，喻菩薩能為一切眾生所依。（七）堅牢不動義，喻菩薩的菩提妙心，堅如金剛，不可破壞。

　　藏者，具有祕密包容含育等義。指地藏菩薩處於甚深靜慮之中，能夠含育化導一切眾生止於至善。世有祕密庫藏，蘊藏許多金銀財寶，則能濟諸貧乏，利益人寰，喻菩薩具有如來三德祕藏，無量妙法，則能救脫無數眾生，咸登覺岸。

　　此尊樟木極彩地藏菩薩像，一面二臂寂靜尊，頭戴五方寶冠，示現天人形象，右手執錫杖，內祕菩薩行，外現聲聞形，左手持如意寶珠，坐於神獸諦聽之上。諦聽，又稱「善聽」，佛教、中國神話中的神獸，相傳是地藏王菩薩的座騎，能分辨世間一切善惡賢愚。其造型虎頭、犀角、犬耳、龍身、獅尾、麒麟足，特異別緻，不同於凡間動物，常被供奉於佛寺地藏王菩薩的案側。

日光菩薩

樟木極彩

　　日光菩薩，又作日光遍照、日曜，其名號是取自取「日放千光，遍照天下，普破冥暗」之義。菩薩持其慈悲本願，普施三昧，以照法界俗塵，摧破生死之闇冥，猶如日光之遍照世間，故取此名。

　　《藥師琉璃光如來本願功德經》：「藥師如來國土中有二菩薩摩訶薩，一名日光遍照，二名月光遍照，是彼無量無數菩薩眾之上首，次補佛處。」菩薩是藥師佛的左脅侍，與右脅侍月光菩薩在東方淨琉璃國土中，並為藥師佛的兩大輔佐，也是藥師佛國中無量菩薩眾的上首菩薩，尊貴有如釋迦佛側的文殊、普賢。

　　中國民間認為，佛教的日光菩薩正是與道教的太陽神為同體異名。此尊日光菩薩為樟木刻製，極彩所繪，頭戴寶冠，冠上有日輝，相好莊嚴，身穿菩薩裝，佩瓔珞等種種嚴飾，手持蓮花，蓮上有象徵太陽的日輪。

月光菩薩 · 樟木極彩

　　月光菩薩，又稱月淨菩薩、月光遍照菩薩，是東方淨琉璃世界藥師佛之右脅侍，與左脅侍日光菩薩並為藥師如來的兩大輔佐。藥師如來、月光菩薩與日光菩薩三尊菩薩合稱「東方三聖」。

　　《藥師經》：「於其國中，有二菩薩摩訶薩，一名日光遍照，二名月光遍照，是無量無數菩薩之上首。」在藥師佛的無量菩薩眷屬裡，月光菩薩與日光菩薩是位居上首的重要菩薩，兩者擁持著藥師如來之正法寶藏。

　　相傳藥師如來與日光、月光菩薩本為父子，曾於電光如來法運中勤修梵行，受電光如來咐囑分別改名為醫王與日照、月照，發無上菩提大願，誓救六道一切有情出輪迴苦。「月光遍照」在佛法上表示靜定，明澈清輝，可容攝大千芸芸眾生，使免於受貪瞋癡三毒逼惱。

　　此尊樟木極彩月光菩薩尊像，身呈白色，相好莊嚴，頭戴寶冠，冠中有化佛，身穿菩薩天衣，佩瓔裝飾，手中持蓮花，蓮上有月輪，或是手托著一輪明月。月光喻慈光，清涼寧靜，於黑暗中，發出皎潔光芒，象徵引導眾生趣入正道。

145

彌勒菩薩 · 鎏金

慈心展笑顏，悲憫續正法，
當來下生佛，化度無盡眾。

　　彌勒菩薩，意譯為慈氏，「彌勒」是中國的譯音，是「彌恒利耶」的簡稱，因其多生累劫以來，是修行慈心三昧，故以此為名。在未來人壽八萬歲時成佛以後，彌勒將是釋迦牟尼佛的繼任者，因此常尊稱為彌勒佛。他是大乘佛教八大菩薩之一，大乘經典中又常稱為阿逸多菩薩。他被唯識學派奉為鼻祖，其龐大思想體系由無著、世親菩薩闡釋弘揚，深受中國佛教大師道安和玄奘的推崇。

　　彌勒菩薩是當來下生的彌勒尊佛，曾經七佛授記，為釋迦牟尼佛的補佐，現正在兜率內院說法，等待釋迦牟尼佛的娑婆世界結束後，他就成為下一世界的住世佛了；因此彌勒菩薩現在稱為「一生補處」。

　　彌勒信仰，不僅在漢地流行，在西藏佛教中也廣為流傳。事實上，顯密兩宗對彌勒菩薩，都是有很深厚的信仰基礎。彌勒菩薩為當來下生彌勒尊佛，與釋迦牟尼佛、阿彌陀佛等齊名。過去曾與釋迦牟尼佛，在弗沙佛座下，同發菩提心。雖是未來佛，但早己授記成佛，為賢劫千佛中之第五。

　　這尊造像表現的是藏傳佛教中彌勒菩薩像。

藏傳佛教中彌勒形象主要有兩種：一種
佛裝，表現彌勒下生成佛後的形象，為
三世佛中的未來佛；一種菩薩裝，表現
彌勒菩薩上兜率天宮為諸天說法。其造
型姿勢有立像和善跏趺坐兩種。這與
漢傳佛教中的大肚彌勒佛形象有著明
顯區別。

　　此尊全鎏金當來下生彌勒尊佛像，
呈佛裝束，一面二臂，寂靜像，身著
袈裟，衣紋自然流暢，身體比例結構
勻稱，雙足不盤腿，自然下垂擺放，以
王者姿坐於獅子寶座之上，兩腳踏於蓮花
之上。雙手置於胸前結說法印，分別
各捻持一株烏巴拉花，花至
肩頭開放，左側花上
置有寶瓶，右側花
上放有法輪，面相
方圓，頭髻中有佛
塔，神態安詳。

147

彌勒菩薩・鎏金

　　彌勒菩薩，音譯為「彌勒」，意義為「無能勝」。彌勒菩薩曾與釋迦牟尼一同出家修行，當時的釋迦牟尼佛是菩薩身，但是因為釋尊先彌勒而發大乘心，願能普渡眾生。當時有一婆羅門，名為一切智光明，聽到彌勒佛闡說《慈三昧光大悲海雲經》，心中信服，便發菩薩心，持誦慈三昧光經，並誓願將來成佛名子亦叫彌勒。

　　此尊全鎏金彌勒菩薩造像，一面二臂，身著菩薩天衣，飾有莊嚴纓絡，雙足跏趺坐於蓮花寶座上。菩薩雙手說法印於胸前，並持著二束烏巴拉花分置左右側，左花上置有寶瓶，象徵法流不間斷；右花上放有法輪，代表法輪常轉。

　　從整體風格來看，本作品具有明顯的尼藏藝術風格。寬扁高聳的髮髻、線條連接冠葉的大花冠、飽滿圓碩蓮瓣，以及輕薄潤澤的軀體，這些都是尼泊爾造像的藝術特徵。

大勢至菩薩・樟木極彩

　　《佛說觀無量壽經》中，佛陀如是開示：「大勢至菩薩，此菩薩身量大小，亦如觀世音，圓光面各百二十五由旬，照二百五十由旬，舉身光明，照十方國，作紫金色，有緣眾生，皆悉得見。但見此菩薩一毛孔光，即見十方無量諸佛淨妙光明，是故號此菩薩名無邊光；以智慧光普照一切，令離三途，得無上力，是故號此菩薩名大勢至。」

　　大勢至菩薩，梵名音譯為「摩訶那缽」，又名「無邊光」、「大勢志」、「大精進菩薩」，簡稱「勢至」，是西方極樂世界阿彌陀佛的右脅侍者，八大菩薩之一，因以念佛修行證果，淨土宗奉為法界初祖，是與文殊菩薩、普賢菩薩、地藏菩薩齊名的大菩薩。據說，雲南雞足山是大勢至菩薩的道場。

　　大勢至菩薩與觀世音菩薩是阿彌陀佛的右左輔弼，合稱「西方三聖」。據《觀無量壽經》，祂恒念阿彌陀佛，以智慧之光普照一切，使人得到無上力量、威勢自在，接引眾生往生淨土。

　　此尊樟木極彩大勢至菩薩造像，一面二臂，面相方圓，長眉細目，表情寂靜，寶珠頂嚴，耳垂飽滿，帔帛搭於雙肩。胸前飾有瓔珞，臂部、手部、踝部都飾有釧環，手持清淨蓮花，全跏趺坐於蓮花寶座之上。頭戴天冠，而天冠中有寶瓶，寶瓶盛著不可思議的光明，能夠普現諸佛的事業。

勢至菩薩德無疆，輔弼彌陀作慈航，
救苦直同觀自往，導西不異普賢王。

151

羅漢部

諸佛證菩提，獨覺身心靜；
及以阿羅漢，咸由律行成。

阿羅漢，聲聞四果之一。一般常見的解釋有：殺賊，指見、思之惑。阿羅漢
能斷除三界見、思之惑，故稱「殺賊」。

不生，即無生。阿羅漢證入涅槃，不復受生於三界中，故稱「不生」。

應供，阿羅漢已得漏盡，斷除一切煩惱，應受人天之供養，故稱「應供」。

唐代玄奘大師翻譯《大阿羅漢難提蜜多羅所說法住記》提到慶友比丘（難提
蜜多羅）將入涅槃時，將十六羅漢的名字和住處告訴大眾，遂有《法住諾矩
羅尊者記》傳世。自此，漢傳佛典中正式出現十六羅漢之稱。

十八羅漢，則是後人根據十六羅漢的基礎上，再加上兩尊羅漢而成。《佛光
大辭典》：「最早畫十八羅漢者，有西元十世紀時之張玄及貫休，其後沙門
覺範與大文豪蘇東坡皆曾對此頌贊，且蘇東坡所題之十八首贊文，每首皆標
出羅漢之名，於十六羅漢之外，以慶友尊者為第十七羅漢，以賓頭盧尊者為
第十八羅漢。」而清乾隆帝和章嘉呼圖克圖則認為：降龍羅漢乃迦葉尊者，
伏虎羅漢是彌勒尊者。

摩訶迦葉尊者

樟木極彩

摩訶迦葉尊者，又稱大迦葉，是釋迦牟尼佛的十大著名弟子之一，以苦行、修無執道見長，號稱「頭陀第一」，被中國禪宗視為西天第一代祖師。在乾隆所欽定的十八羅漢當中，大迦葉尊者則被稱為「嘎沙亞巴尊者」，又因至今傳誦不絕的禪宗公案《拈花微笑》之故，被中國禪宗尊為始祖。在漢傳佛教中，大迦葉與阿難陀往往會被雕塑在釋迦牟尼佛身邊，隨侍釋迦牟尼佛，與佛陀一同接受供養。

除了清乾隆御定，章嘉呼圖克圖（章嘉活佛）所認為的十八羅漢系統，迦葉尊者亦稱降龍羅漢，因此造像中有一龍陪襯。此尊樟木彩繪摩訶迦葉像，雙目圓睜，尊者左手持一龍珠，右腳踩地，左腿抬起，自在坐於青龍身上作降伏狀，肢體型態極為生動。

摩訶迦葉人格清廉，深受佛陀信賴，於佛弟子中曾受佛陀分予半座。佛入滅後，他成為佛教教團的統率者，於王舍城召集第一次經典結集。佛教信仰者一般相信，摩訶迦葉目前於雞足山入定中，待彌勒佛出世，方行涅槃。

羅怙羅尊者

樟木極彩

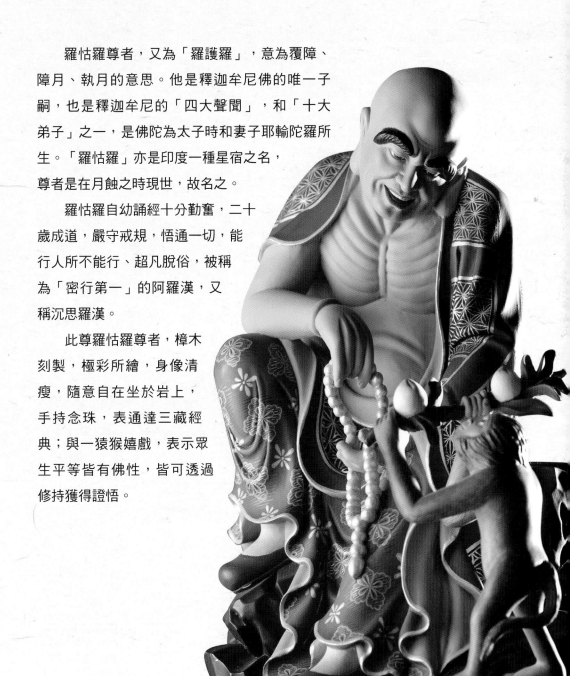

羅怙羅尊者，又為「羅護羅」，意為覆障、障月、執月的意思。他是釋迦牟尼佛的唯一子嗣，也是釋迦牟尼的「四大聲聞」，和「十大弟子」之一，是佛陀為太子時和妻子耶輸陀羅所生。「羅怙羅」亦是印度一種星宿之名，尊者是在月蝕之時現世，故名之。

羅怙羅自幼誦經十分勤奮，二十歲成道，嚴守戒規，悟通一切，能行人所不能行、超凡脫俗，被稱為「密行第一」的阿羅漢，又稱沉思羅漢。

此尊羅怙羅尊者，樟木刻製，極彩所繪，身像清瘦，隨意自在坐於岩上，手持念珠，表通達三藏經典；與一猿猴嬉戲，表示眾生平等皆有佛性，皆可透過修持獲得證悟。

羅漢 3 迦理迦尊者 · 壽山石

　　迦理迦尊者，原是一位馴獸師，常馴象，後來出家修行成為佛陀的侍者。象的梵文名「迦理」，象的力量非常大，耐勞又能致遠，也是佛法的象徵，所以迦理迦亦表示馴象人之意。迦理迦修學法教，頌經朗朗，慈心懷眾生、善用佛法攝及四方，終成正果。

　　此尊迦理迦尊者像，面容線條溫柔，曖曖含光，略躬身姿安住岩上，右側有一虎，溫馴隨侍於尊者，表示馴服眾生之大悲力。

彌勒尊者·壽山石

十八羅漢中的「彌勒尊者」，是在清朝由乾隆皇帝所欽定的。彌勒尊者，彌勒為其姓，名阿逸多，為釋迦牟尼佛之弟子，皈依佛陀出家後，弘揚佛法，以慈悲心教化度眾。相傳梁武帝時，彌勒尊者曾化身為傅大士，為武帝所尊崇。

唐末五代後梁時，彌勒化身為布袋和尚，生於浙江明州，他的俗家姓名不詳，而自稱契此，又號長汀子。布袋和尚總是滿面笑容，雙耳垂肩，坦胸露腹，肚大能容，常常手持著錫杖，肩揹著大布袋，四處啟化世人。後梁貞明二年，布袋和尚圓寂於岳林寺，臨終前說一偈頌：「彌勒真彌勒，分身千百億，時時示世人，世人自不識。」至此大家才知道，瘋顛作態的布袋和尚，就是彌勒化身。

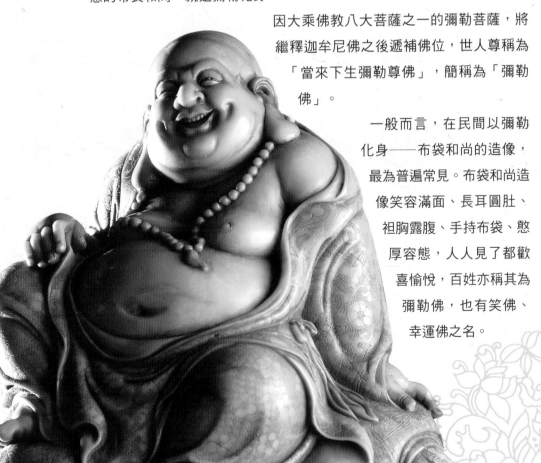

因大乘佛教八大菩薩之一的彌勒菩薩，將繼釋迦牟尼佛之後遞補佛位，世人尊稱為「當來下生彌勒尊佛」，簡稱為「彌勒佛」。

一般而言，在民間以彌勒化身——布袋和尚的造像，最為普遍常見。布袋和尚造像笑容滿面、長耳圓肚、祖胸露腹、手持布袋、憨厚容態，人人見了都歡喜愉悅，百姓亦稱其為彌勒佛，也有笑佛、幸運佛之名。

跋陀羅尊者

壽山石

跋陀羅尊者，是學識淵博的學者，後來出家為僧，成為佛陀的一名侍者。跋陀羅尊者根機鋒利，極為聰穎，加上深入修行，鑽研佛法，最後證得阿羅漢果位。

據聞跋陀羅尊者曾乘船去東印度群島傳播佛教，因此後世稱他為「過江羅漢」。亦有傳說他主管洗浴之事，所以有些禪林浴室會供其法相。

依《大唐西域記》載，跋陀羅尊者原為一外道婆羅門，但聰慧多智，修習已得五神通（天眼通、天耳通、他心通、宿命通、如意通），後始改信佛法。他聞佛將在娑羅林中涅盤，乃急奔佛所前往拜謁，於其夜出家受戒，淨修梵行。據悉，佛陀料其將至，預先告知大弟子阿難在夜裏將他引至床前，為他講授八聖道等佛教奧義，入夜未久，即成阿羅漢。

此尊跋陀羅尊者像，為壽山石所精刻，尊者神情安寧，衣著寬鬆自然，敞露胸膛，手握長眉，安然端坐於石上，一派自在，智慧高深，道行高妙之相。

勤苦修行得自然，
道力有邊跡無邊。
慈顏樂貌心智醒，
萬事何愁不成全。

163

達摩尊者・青銅

　　達摩，菩提達摩，佛教中國禪宗初代祖師，被尊稱為「東土第一代祖師」、「達摩祖師」。在中國歷史上，是活躍於南北朝時代的外國僧侶，與寶誌禪師、傅大士合稱梁代三大士。「菩提達摩」意譯為覺法，菩提本意為覺悟，達摩本義則是法教、法或佛法。達摩是將佛教禪宗帶入中國的佈道者，擁有諸多神奇傳說的人物，中國佛教的一代祖師。

　　關於達摩的歷史記載，最早見於北魏楊衒之的《洛陽伽藍記》：「時有西域沙門菩提達摩者，波斯國胡人也，起自荒裔來遊中土，見金盤炫日光照雲表，寶鐸含風響出天外，歌詠讚歎實是神功，自云年一百五十歲歷涉諸國，靡不周遍，而此寺精麗閻浮所無也，極物境界亦未有，此口唱南無合掌連日。」

東土禪宗傳妙法，
西域寶旬辟華林；
面壁九年悟禪機，
只履歸西成傳奇。

　　相傳達摩原為南印度國的王子，是印度禪宗二十八祖，於梁普通元年來到中國，受到廣州刺吏的禮遇，並上表奏文梁武帝。日後北渡到嵩山少林寺，在寺後五乳峰找到一天然石洞，終日面壁苦修，長達九年之久，後來感動慧可法師，才得傳法師衣缽，故人們又稱他為「面壁達摩」。達摩的面壁禪定對中國的佛教影響很大，達摩提倡的禪定思慮、消除雜念、頓悟成佛的方法稱為「禪學」。他所開創的這一支佛教宗派，後世稱為「禪宗」。

　　達摩是在印度傳授禪宗的最後一人，在中國卻是禪宗的始祖，民間俗稱「初祖」、「菩提達摩」或者「達摩禪師」，因為佛學論點平易近人，對中國佛教的發展影響極深。

藏傳佛教上師部

尊之智慧淵博如虛空，
日光勝者偉哉法輪王；
遍知如盡所有經律論，
具德上師足前我頂禮。

上師，一般指佛學知識淵博並收徒傳教的高僧大德，亦指善知識。善知識的
意思有兩種，一是外善知識（外在上師），一是內善知識（內在上師）。藏
傳佛教近代大學者彌旁仁波切曾言：「薄伽梵（佛）、入菩提道之菩薩行者
眾，以及將佛、菩薩傳下的六度等法教宣揚給眾生的高僧大德等，皆是我等
善知識。」
藏傳佛教一般認為，上師是一切功德的泉源，若信眾具備信心，了知上師功
德（殊勝特質），加持自然就會到來。在藏傳佛教中，這些大師通常為所屬
教派的傳承祖師或成就卓越的高僧，如蓮花生大士、帝洛巴、馬爾巴、密勒
日巴、岡波巴、宗喀巴等等。這些上師們都是藏傳佛教重要的法教傳授者，
他們在教法的領悟、傳播和實踐成就斐然，成為後人敬仰的楷模。

蓮花生大士

毛象牙

蓮花生大士，烏仗那國人，相傳出生於蓮花之上，與寂護大師同於那爛陀寺學習，以神通聞名。又稱蓮師、蓮華生、咕魯仁波切（上師寶）、烏金仁波切（烏仗那寶），是阿彌陀佛、觀音菩薩和釋迦牟尼佛的身、語、意三密之應化身，為利益末法時期眾生而受生於人間。

蓮師應藏王赤松德贊與寂護邀請（約於西元七五〇年）由印度啟程前往西藏弘法，以大神通力調伏了苯教八部鬼神，創立了西藏最早的佛教寺廟——桑耶寺，使藏民得以改宗正統佛教，是藏傳佛教前弘期的重要祖師。蓮師從印度迎請無垢友等大德入藏，教導藏族弟子學習譯經，將重要顯密經論譯成藏文，創建顯密經院及密乘道場，發展在家眾、出家僧兩種制度，奠定了西藏佛教的基礎。

蓮師之外相，多為左手持嘎巴拉（顱器），器中盛滿無死智慧甘露；左胸前倚立著天杖；右手結忿怒印持金剛杵，代表降伏一切天龍八部及障礙修道之妖魔。頂戴蓮冠，代表具足一切諸佛的加持功德。蓮花生大士是十方三世諸佛的總集，持其心咒等同念誦所有佛菩薩、本尊、空行、護法的心咒，可利益無邊眾生。

忿怒蓮師

紅銅

　　蓮花生大士因應度化不同眾生，示現八種變化身，各具尊形及法號，他的各種形象、神變也顯示其他方面的證量。因被視為與佛教教主釋迦牟尼佛無二無別，故蓮師在西藏被崇尊為已達到圓滿證悟的「第二佛陀」。《蓮師傳》記載：蓮師在不同的屍陀林中，為有緣的人與非人宣說了種種殊勝法門。在不丹王國附近之一處「讓卡這」寒林中，有許多危害眾生的邪神惡鬼和毀壞佛法、製造障礙之眾，蓮師為降服惡法眾生，化現為忿怒本尊，以忿怒蓮師形象將其全部降伏。

　　忿怒蓮師多傑卓勒（或譯金剛力士）是蓮花生大士的忿怒化現。一面二臂三目，身棕紅色，上披棕色錦袍，下身著舞裙，右舉天鐵金剛杵，左持普巴橛，踏於母虎之背，安住智慧烈焰中。本尊功德可消除地水火風四大不調，轉五毒為五智，摧伏死魔、天魔、煩惱魔、大力鬼神等，特可降伏不信佛法之作障眾生。

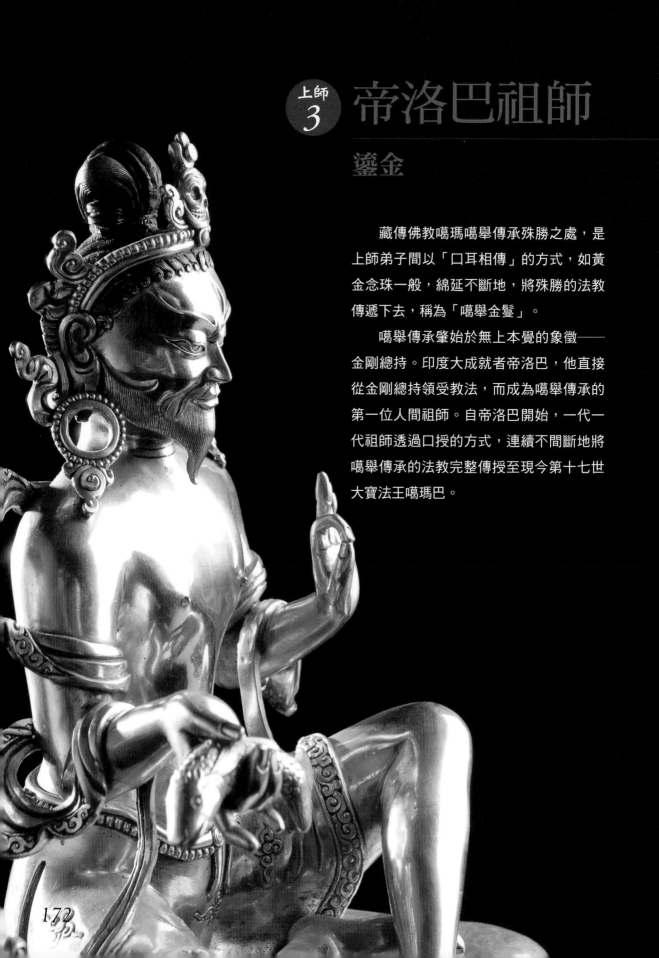

帝洛巴祖師

鎏金

藏傳佛教噶瑪噶舉傳承殊勝之處，是上師弟子間以「口耳相傳」的方式，如黃金念珠一般，綿延不斷地，將殊勝的法教傳遞下去，稱為「噶舉金鬘」。

噶舉傳承肇始於無上本覺的象徵——金剛總持。印度大成就者帝洛巴，他直接從金剛總持領受教法，而成為噶舉傳承的第一位人間祖師。自帝洛巴開始，一代一代祖師透過口授的方式，連續不間斷地將噶舉傳承的法教完整傳授至現今第十七世大寶法王噶瑪巴。

上師 4 馬爾巴祖師

鎏金

馬爾巴（1012-1097），十五歲開始向卓彌釋迦耶謝學習梵文、詩歌、戲劇，是一位出色的藏梵譯師。為了到印度學習密法，他不惜變賣家產，求法供養。

馬爾巴曾先後去過尼泊爾、印度，從那洛巴、彌勒巴、智藏等大師之處修學密法。返回西藏之後，致力於經典的翻譯，成為西藏著名的大譯師之一。除了翻譯經典之外，馬爾巴以在家居士的身份教授學生，傳授灌頂、密法，在他的門下有幾位傑出的弟子，人稱「四柱棟樑」者；分別是梅巴、俄巴、祖爾及密勒日巴，其中以密勒日巴最為傑出，是馬爾巴的重要法嗣弟子。

馬爾巴直接傳承了印度那洛巴的密法，成為西藏噶舉派之父。噶舉派注重口傳教授，也就是師徒之間以言語親自傳授法要，馬爾巴按照當時印度密教行人的傳統，在傳法時都穿著白色法裙，漢人因此簡稱噶舉派為「白教」。

此尊馬爾巴像，外顯威嚴，身材壯碩貌，髮黑披散兩肩；八字鬍，下唇下方中央有短鬚；眼垂視，口閉合，雙手於膝前自然下垂，著居士袍，外罩披風，戴耳飾、項鏈。兩層坐墊上，各飾以圖紋。

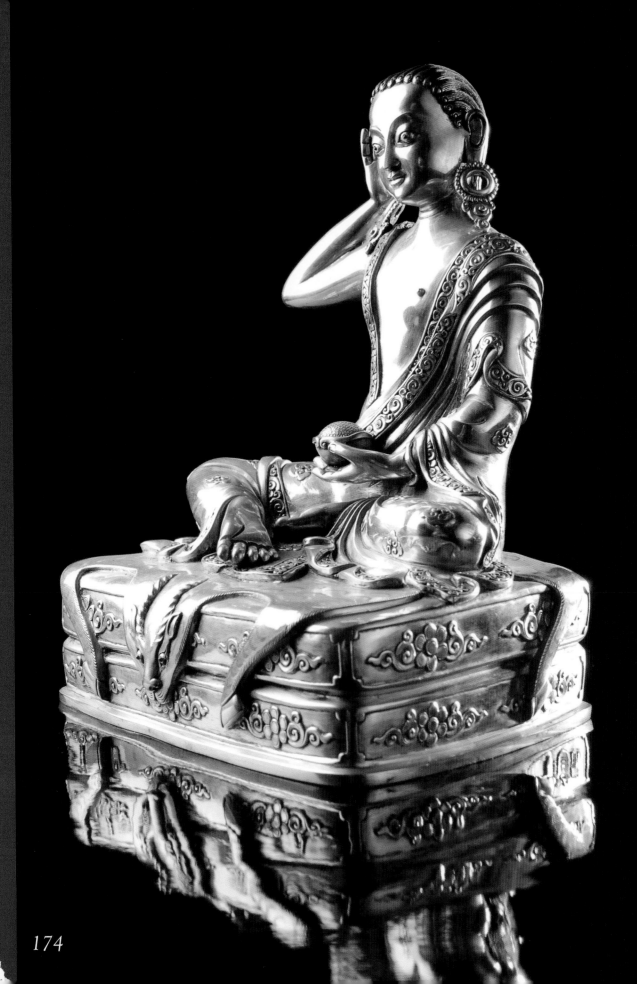

上師 5 密勒日巴祖師·鎏金

　　密勒日巴（1040-1123 或 1052-1123）出生於西藏阿里貢塘地區，七歲時父親早逝，因而家道中落，豐厚的遺產被叔伯所奪，他和母親、妹妹被當成奴隸般欺凌；後來他奉母之命離家學習黑法咒術報仇，卻在復仇之後，內心產生無比的罪惡感，悔恨過去所造諸多惡業，於是下定決心修持正法。

　　他投入馬爾巴門下，馬爾巴上師為了淨化密勒日巴的殺業，令他承受種種難以想像的苦行磨練，在通過種種試煉之後，密勒日巴終於超脫罪惡，清淨一切罪障，成就「挫火定」與「那洛六法」的修持，被稱為「即身成佛」的修行者。

　　密勒日巴一生過著像苦行僧般的生活，並以金剛道歌法曲弘法傳教，是一位實修主義提倡者，他從不在意世俗毀譽和財物供養，是藏傳佛教史上的重要上師之一。在西藏文化歷史中，他也是最富傳奇、最家喻戶曉的一位偉大瑜伽士和大詩人，受到各教派的崇信，為噶舉派奉為傳承祖師之一。

　　密勒日巴，外為清瘦狀，面略朝右傾，髮長披於肩上，貌祥和，二耳著耳飾。右手掌托右耳前方處；左手擱左腿上，捧著盛滿甘露的顱器，披白色布衣，右肩斜披瑜珈禪帶，坐於獸皮座墊上。

175

上師 6 岡波巴祖師·鎏金

岡波巴（1079-1153）誕生於西藏東部。七歲起，他追隨多位醫師學習中國及西藏醫學，成為當代名醫，被稱為大醫王。岡波巴廿二歲時，和一位貴族之女結婚，生下一男一女。然而他廿五歲時，妻子和兩個孩子突然染病去世。從此，他出離了世間生活，出家修習佛陀教法。

岡波巴三十二歲時，他聽到密勒日巴之名，心中立刻生起了虔誠的信心。密勒日巴將法教，包括那洛巴的拙火瑜伽法教，及完整的大手印法教，都傳承給岡波巴，岡波巴圓滿證悟，成為密勒日巴的法嗣。

岡波巴是噶當巴傳承的持有者之一，同時也承接了密勒日巴大手印及密續的傳承。從他開始，噶舉傳承成為正式的法教傳授系統，並以達波噶舉，或岡波巴傳承聞名全藏。

此尊岡波巴像，面祥和，雙手結定印，手中有摩尼寶，披比丘三衣，袈裟坎肩，頭戴法帽，雙足跏趺坐姿於雙層坐墊上。

上師 7 宗喀巴祖師·紅銅

宗喀巴（1357-1419），法名羅桑札巴，意為「善慧」，藏傳佛教格魯派創始人（簡稱紅教），因為誕生在「宗喀」之處（今青海省湟中縣塔爾寺所在地），故被稱為宗喀巴，信眾則尊稱為傑仁波切（意為至寶）。

宗喀巴三歲受近事戒，七歲入寺，受「聖樂」、「喜金剛」、「大輪」、「頂位」等金剛乘灌頂，後受沙彌戒。十六歲前往衛藏學法，學習《中觀》、《因明論》、《般若經》、《律經》。廿九歲受比丘戒，此後學習十五部大論，在立宗答辯時表現非凡。三十四歲時，對佛教密乘教典、灌頂諸法均有深造。四十四歲時，以阿底峽尊者的《菩提道燈論》為藍本，完成重要著作《菩提道次第廣論》，四十九歲完成講述密乘教法的鉅作《密宗道次第廣論》，他是藏傳佛教一代偉大祖師，藏族人認為他是文殊菩薩的化身之一。

這一尊宗喀巴像，一面二臂跏趺坐，雙手置胸前結說法印，左右手各持一朵蓮花，右邊的花上立著智慧寶劍；左邊的花上置放經典，身著袈裟和僧裙，衣紋流暢優美，下承雙層蓮花座，蓮花瓣飽滿有力，整體形象莊嚴祥和，紅銅精工的材質更彰顯了氣韻沉雅的風格特徵。

其他常見佛教神像

【常見佛教神像・簡介】

佛教自釋迦牟尼佛在人間成道弘法至今，在這段漫長且從無間斷的教法傳承歷史中，離不開佛法守護者。廣義上的守護者，包括本尊、護法和空行勇父。諸多藏傳佛教上師皆開示：「依靠上師獲加持；依靠本尊獲成就；依靠空行、勇父、護法得獲廣大事業。」

「上師」是一切佛的法性，也是一切功德之源。「本尊」，是指佛法修行者所發誓、依止並承諾修持的佛菩薩聖眾。「空行」，泛指護持密乘修行者和佛法中的女性護法，象徵著空性智慧。「勇父」，指護持密乘修行者和佛法中的男性護法，象徵著方便。「護法」，是保護佛法與正信修行者的神靈，其職責是護衛佛法免受魔眾的破壞侵擾，維護佛法教義的太平。

漢傳佛教中，最為人所熟悉的護法即是韋馱與伽藍二位。佛教系統中，還有一種特殊的護法神：「明王」。明王是諸佛菩薩示現降伏魔眾時的忿怒化身，以此憤怒像守護佛門，並用來調服不信從佛法的頑劣眾生，如不動明王、馬頭明王等皆極負盛名，依其護法的職司而言，財寶天王、五路財神、白六臂大黑天、象鼻天也都是護法神之一。而在藏傳佛教中，空行母被認為是色界、無色界或他方佛土的女性天人，或是佛菩薩的不同化身示現，如作明佛母、卡雀佛母等在藏傳佛法宗教體系中極為重要。

伽藍護法

樟木極彩

伽藍是「僧伽藍」的略稱，亦作「僧伽羅摩」，又稱守伽藍神、護伽藍神、護僧伽藍神或寺神，伽藍漢意譯為僧院、僧園，包括寺院的建築物及寺院的土地等總稱。因此，迦藍護法即是護守佛寺院的護法菩薩。漢傳佛教寺院中常將伽藍與韋馱並列供奉，在寺廟中負擔驅逐邪魔，保護寺廟之重責大任。

近世以來，中國佛教界常以關帝（關羽）為伽藍神，此源於相傳隋代天臺宗創始者智者大師，曾在荊州玉泉山入定；定中曾見關帝顯靈，率其鬼神眷屬現出種種可怖景象，擾亂智者大師。經過智者大師度化之後，關帝乃向智者求授五戒，誓願生生世世護衛佛法。此後，這位極受華人敬重的英雄人物，乃成為佛教寺院的護法神。

關羽在道家、儒家皆有其崇高的地位。於道家，稱之「蕩魔真君」、「伏魔大帝」；於儒家，因精通儒家經典，為儒家的「文衡帝君」，是唯一為佛、道、儒三家所共同尊崇的大護法、大菩薩。此尊樟木極彩伽藍護法尊像，面朱紅，蓄長鬚，身披金色甲胄，一身充滿正氣，左手撫捧長鬚，雙足穩踏於彩雲上，右手持刀，刀刃向下，隨時護持著正法，威武之姿令人一心生敬。

韋馱護法

樟木極彩

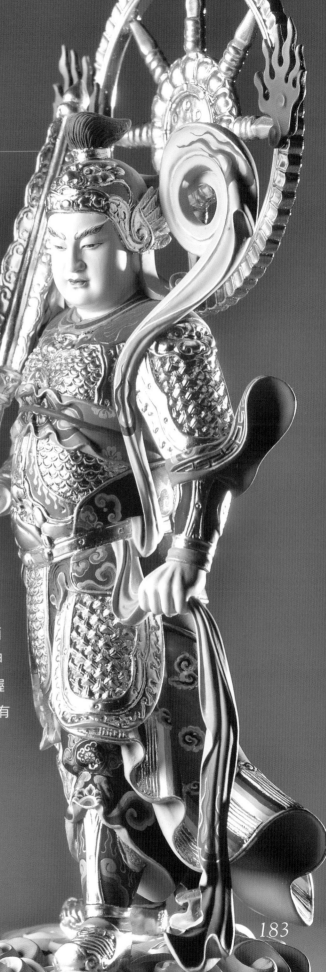

　　相傳佛陀入滅後，當諸天神和眾王共同商議欲建塔供養佛舍利時，突然來了一個「捷疾鬼」偷走了佛牙。韋馱立即以祂健步如飛的速度，剎時捉獲「捷疾鬼」，取回佛牙，贏得諸天眾王的讚揚。此後，韋馱便擔當起驅除邪魔，保護佛法的重任。

　　韋馱，又名韋馱天，是佛教的知名護法神，為四大天王座下三十二將之首。韋馱的形象，一般是大多為身披盔甲的雄壯武將，手持金剛降魔寶杵，或以杵柱地，或雙手合十，將杵擱於肘間。中國佛教寺院中，韋馱菩薩像常威武地立於最靠近寺院門口的四天王殿內，面向著寺院，以守護道場。

　　此尊樟木極彩所刻繪的韋馱護法像，一面二臂，童子容貌，壯碩威武之姿，身披金色甲冑，右手托持金剛寶杵並倚於右肩，左手輕握身上飄帶。其身後背光為金色法輪，法輪中有著三昧智慧火焰。

神像 3 不動明王·鎏金

　　不動明王，亦稱為大威力不動明王，為大日如來降伏一切惡魔時所變的忿怒身，以此憤怒像守護佛門，並用來調服不信從佛法的頑劣眾生。不動明王是五大明王主尊、八大明王首座，大日如來的教令輪身。

　　擁有不變的慈悲心、無任何物可以撼動改變，乃曰「不動」；自身擁有智慧之光芒，則曰「明」；能掌控世間萬物、現象者，尊稱為「王」，故稱「不動明王」。修習此尊法門得獲成就者，可斷除因煩惱所生的一切障礙，一切欲求皆如願，最終成就佛果。

　　在日本的佛教信仰系統中，東密信徒信奉不動明王者眾，江戶時代幕府將軍在都城江戶便設置有五色不動明王，以祈求政權的和平穩固。

　　不動明王的身像，有二臂、四臂、六臂，藏密崇奉的多為二臂像。此尊全鎏金不動明王像，一面二臂，頂上有髻，雙眼圓睜，上齒齜下唇，左有一牙往下，右有一牙朝上，現忿怒童子形相。右手持金剛利劍，左手持金剛索以勾縛魔，作斷煩惱之姿。背有鳳凰猛火，腰著法裙，雙足跏趺，端坐於蓮花月輪寶座上。

見我身者發菩提心，
聆我名者斷惡修善；
聞我言者得大智慧，
知我心者即身成佛。

185

神像 4 馬頭明王金剛橛

毛象牙

　　金剛橛原是兵器，後來被藏傳佛教吸收為法器，有銅、銀、木、象牙等各種材料製成，外形上大同小異，都是有一尖刃頭，手把因用途不同而裝飾不同。有的手柄是佛頭；也有的是觀音菩薩像，頭戴五骷髏冠，最上端又有馬頭。它含有忿怒，降伏的意思。修法時在壇場的四個角落聳立，意思是使道場範圍內堅固如金剛，各種魔障不能來危害。金剛橛可去除十方障魔，是表達佛的力量和佛性圓滿的法器。

　　金剛橛是去除障難最普遍的本尊之一。修持普巴金剛法得獲成就的行者，能斷除一切自我的貪執，消除內心的恐懼，啟發智慧，了解自性清淨，清楚理解面對一切煩惱或障礙存在時，應降伏自心相續所具的五毒，由此能轉五毒成五智，一切煩惱障礙等均可消弭於法界中。

　　本件馬頭明王金剛橛，由三部分組成，第一部分是頂上的三面忿怒馬頭明王頭像，是由三面六臂忿怒馬頭明王與普巴金剛二尊合一後，所簡

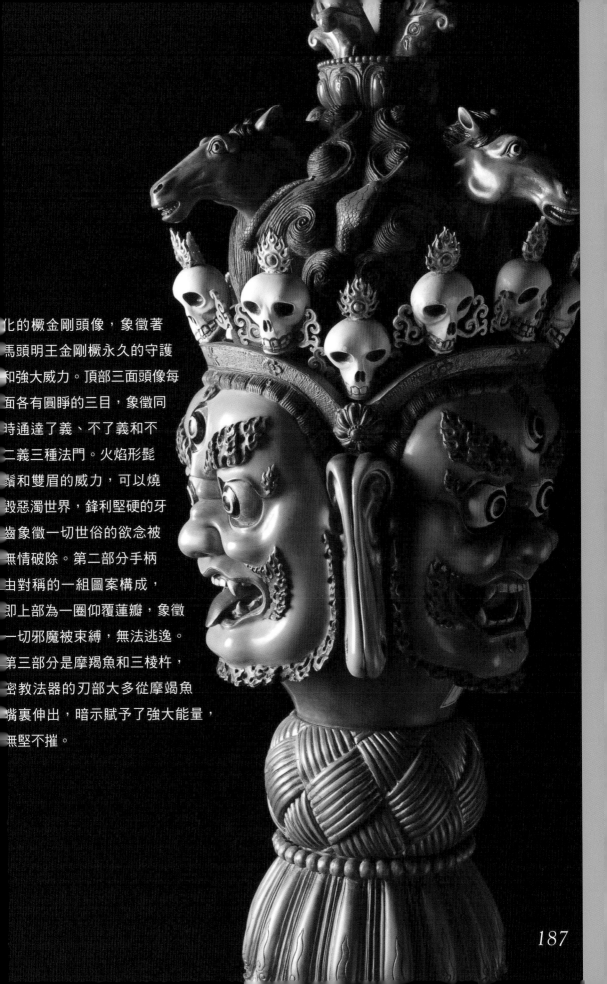

化的橛金剛頭像，象徵著
馬頭明王金剛橛永久的守護
和強大威力。頂部三面頭像每
面各有圓睜的三目，象徵同
時通達了義、不了義和不
二義三種法門。火焰形髭
鬚和雙眉的威力，可以燒
毀惡濁世界，鋒利堅硬的牙
齒象徵一切世俗的欲念被
無情破除。第二部分手柄
由對稱的一組圖案構成，
即上部為一圈仰覆蓮瓣，象徵
一切邪魔被束縛，無法逃逸。
第三部分是摩羯魚和三棱杵，
密教法器的刃部大多從摩竭魚
嘴裏伸出，暗示賦予了強大能量，
無堅不摧。

咕魯咕列作明佛母・鎏金

作明佛母主要代表諸佛菩薩的妙觀察智，代表息災、增益、懷攝、誅降四法中的「懷攝」，作為度化眾生的主要方便，作明佛母具備解脫煩惱獲得自在的所有功德。佛教認為，作明佛母是淨化眾生的貪欲、執著與煩惱所顯現的本尊，並讓眾生都可以對世間善法、三乘佛法生起信愛。作明佛母能夠平息眾生情執的煩惱，令眾生從情執中，了悟自性的清淨，最終能放下執著，往生極樂，成就佛果。

這尊全鎏金鑲寶石作明佛母造像為舞動之天女姿態，一面三目四臂：其一面表法性一味、三目象徵通達三世、四臂表四種成就或四無量心。身形姿態曼妙，莊嚴年少，面容半喜半嗔，半喜代表其圓滿清淨戒律的能力，半嗔代表降伏煩惱罪垢、調伏四魔。四臂各執優婆曇花所製成的弓、箭、鉤、索，象徵拯救陷於感情等所有煩惱困擾的眾生。一般右腳勾起，左腳踏魔，全身被智慧火焰所圍繞，放射大光明。

神像 6　卡雀佛母 · 紅珊瑚

關於「佛母」有三種解釋：（一）釋迦牟尼佛之生母摩耶夫人，或養母大愛道。（二）喻「法」為佛母，因佛以法為師，從法而生，故稱為佛母。（三）證悟的女性，或來自佛土的女性，亦稱空行母。

一般而言，藏傳佛教在女性本尊系統通常有三部分：金剛瑜珈女、度母、空行母。

卡雀佛母是印度大成就者那若巴所傳，與金剛亥母同體異相異名，在勝樂金剛教法中都是勝樂主尊的明妃，是藏傳佛教薩迦傳承與噶舉傳承特別重視的女性本尊，藏人多稱之為「那洛卡雀」或「卡雀瑪」。

此尊紅珊瑚精雕卡雀佛母像，身色火紅，一面三目二臂，右手執金剛鉞刀，左手持盛滿甘露的顱器，肩上倚著天杖，前足弓起，後足直挺，安住於智慧火燄中。

白財神・紅銅鎏銀

神像 7

　　五路財神、財寶天王都是護法神之一，其中五路財神又稱五姓財神，分別為黃財神、紅財神、白財神、黑財神、綠財神。多為身材矮胖，一般稱為藏巴拉，或譯為寶藏神、布祿金剛。

　　白財神，又名「白寶藏王」、「白布祿金剛」，相傳是觀世音菩薩的慈悲化現。修習白財神法門獲成就之功德：祛病除貧、增長善業、於諸受用富饒增上，可獲正法財、受用財、眷屬財三財圓滿。修此法門應效法觀世音菩薩之大悲心，常行無相、無私布施，照顧貧苦大眾，便能相應如願成就。

　　此件紅銅鎏銀白財神像，一面二臂三圓目，表悲望三世之眾生，頂戴五方佛寶冠，臉部線條深峻，身披天衣綢裙，眼神圓睜，鼻梁高聳，咧齒張口狀，頸掛瓔珞，左手捉吐寶鼠、左腋挾三叉杖，右手高舉法杖於虛空，表示匯聚一切財神之功德能救度饑餓中的眾生之苦。右腿翹起，左腿微曲向下，以遊戲姿坐於碧龍背上，龍足抓地，龍尾向上翹起，神龍張口，呈現矯健之姿，表示解除自我和他人的一切貧窮之苦。

神像 8 黃財神·鎏金

　　昔日釋迦牟尼佛宣說《大般若經》時，諸魔鬼邪神等來作障礙，令山崩巖塌，黃財神現身庇護，令諸聞法諸弟子無恙，其後釋尊令黃財神皈入佛法，於未來世助益一切貧苦眾生，為佛教大護法。

　　黃財神是藏傳佛教各大教派普遍供養的五姓財神之一，因其身相黃色，故稱之。黃財神藏名「藏拉色波」，是早已證得五道十地的大菩薩，亦是寶生佛所化現，為北方司財眾部之首領，掌無盡寶庫。

　　此尊全鎏金黃財神像，一面二臂、肚大身小，上身袒露，下身著裙、全身不著甲冑，右手持滿願寶、左手抓吐寶鼠，寶鼠嘴裡含著寶珠，象徵財寶。頭戴摩尼寶珠、以天衣為莊嚴，雙足左曲右伸，輕踏海螺寶，安住於蓮華月輪之上。

　　黃財神主司財富，故修持此法門得獲成就者：能脫離一切貧困、災難，增長一切善法，富饒自在。亦可增長福德、壽命、智慧及一切物質與精神上的受用。如果能發無上菩提心，發願救度一切眾生於貧困，則功德更不可思議。

財寶天王 · 鎏金

財寶天王，梵名「毘沙門天」，譯為「多聞」，表其福德美名，普聞於四方之義。多聞天王乃帝釋天之外臣，是北方的守護神，統率夜叉諸部，居須彌山之北的水晶宮中。祂與東方的持國天王、南方的增長天王、西方的廣目天王合稱「四大天王」，多聞天則為四大天王之首，為藏傳佛教知名的財神，主增益法門。

依佛教經典記載，釋迦牟尼佛住世時，財寶天王曾在佛前立下願護持佛法的誓願，並給予眾生財富，令其成就世間法。而依藏密儀軌所述，財寶天王名「南通謝」，乃五方佛系統之南方寶生佛所化現，周邊圍繞八路財神為部屬協助度眾，滿眾生之願。又由於財寶天王曾率領其夜叉眾與毗濕奴打敗魔王羅伐拿，因能護持世間，故又稱「護世者」，從此更被敬為武神、軍神。同時也因常守護如來道場，時常聽聞如來說法，所以亦是知識之神。

此尊全鎏金財寶天王像，一頭二臂、面貌威嚴，頂戴寶冠，穿黃金甲，一身金黃地佩戴諸寶瓔珞於身，右持寶傘虛空飄逸、左持能吐各種珍寶之鼠「紐列」，象徵財寶無盡之天庫為其所有，以菩薩如意座之姿坐於伏地雪獅之上，安住智慧火焰中。

五方佛塔

純銀鎏金鑲寶石

《佛說八大靈塔名號經》云：
善男子、善女人等，
發大信心，修建塔廟，
承事供養，是人得大利益，
獲大果報，具大稱讚，
名聞普遍，甚深廣大。

五方佛塔內供奉莊嚴五方佛，依密續所載五
方佛之五顏色，以不同色澤寶石鑲嵌而成：

中央毘盧遮那佛，以純銀鑲飾。
東方藍色不動佛，以藍色青金石鑲綴。
南方黃色寶生佛，以蜜蠟與鎏金鑲綴。
西方紅色阿彌陀佛，以紅色珊瑚鑲綴。
北方綠色不空成就佛，以綠色松耳石鑲飾。

【第四部】

佛像的居家擺設

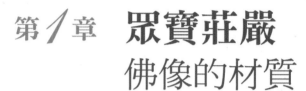

第1章 眾寶莊嚴
佛像的材質

　　佛像是諸佛菩薩在人世間的代表，我們藉由觀看、頂禮佛像的莊嚴憶想諸佛菩薩的慈悲智慧。世上有許多材料可以用來製作佛像，其中有些是珍貴稀有、有些是隨手易得，有些佛像碩大無比、有些卻迷你精巧，不論是何種佛像，能夠攝受我們的心，讓我們從信仰中獲得平安幸福，才是最為重要的！

　　藏傳佛教佛像多為銅鑄像，鎏金工藝精美絕倫，是佛教藝術中的璀璨明珠，其造像藝術，主要可分為五類：青銅鑄造像、木刻造像、泥塑造像、石刻造像和其他（如擦擦、繪畫）。漢傳佛教早期仍是以木刻造像為多，由於佛教與道教及民俗宗教的融合與交流之下，也產生各種佛像材質的運用，像是陶瓷、玉器等。

　　我們生活在世間，對很多事物都會有分別心，對於佛像的材質珍稀與否、工藝評等各有看法，然而重要的是對佛生起無二的恭敬心與信仰，那麼福報將無所不在！

　　在佛像製作的材質上，大致可分為金屬類、植物類、礦物類、人工合成品等，我們就其材質及製作工藝簡單介紹之。

金屬類 黃金

　　黃金是世界上最有價值的貴金屬之一，古代許多珍貴物品就經常以黃金製作，因此，以黃金製作佛像的工藝歷史悠久，相傳佛教一開始傳入中國是因漢明帝「夜夢金人」而遣使往西域求法，且佛經裡敘述諸佛菩薩的淨土往往都是「黃金為地」、佛菩薩身放金光等等，因此信徒一旦有足夠的經濟能力，往往願意耗資萬千鑄造金佛以求功德。

　　純金材質的佛像色澤輝煌，但其硬度略軟，雖然匠師能充分發

揮工藝技巧,但稍有不慎也容易在光亮的表面碰撞出刻痕,製作上難度頗高;現在的黃金鑄造技巧可以先以霧面噴砂與鏡面處理,以霧面與鏡面的對比顯現出黃金燦爛的對比,呈現出佛光普照之感。平日保養黃金佛像以稀釋的清潔液浸洗,兼以軟布擦乾即可。一般開光供奉的佛像不宜直接取下整尊佛像來清洗,而是以乾淨的軟布輕輕擦拭為宜。

❀ 金屬類 白銀

白銀的延展性極佳,製作上通常會加入銅、錫等其他金屬以增加其硬度,相當適合用在飾品製作方面,不論今昔都有許多佛像或法器是以純銀或銀合金的材質製作的。白銀的保存清洗,可分為洗銀水與拭銀布兩種,使用洗銀水是為了腐蝕銀表面的氧化,若浸泡時間不夠,銀的表面容易會有黃白色的感覺,浸泡過久容易傷害銀的本體,因此較適合清洗精巧的銀飾品。使用拭銀布雖然費工費時,但經過長期擦拭之後,銀製品會有一種光潤感,這是新成品無法表現的質感。老銀在細節處無法擦拭到氧化痕跡所呈現出白黑相間的色澤與層次,反而給人復古的美感,許多人尤其喜歡老銀佛像呈現的這種質感。

❀ 金屬類 鎏金、鎏銀等

銅鎏金,鎏金為古代金屬工藝裝飾技法之一,又稱「火鍍金」,此技術始於春秋戰國,興盛於漢代。鎏金是將金和水銀依比例混合成金汞齊,然後用推擠法均勻塗抹於銅器表面,再將銅器加熱烘烤,使水銀蒸發,金就保留下來附著在器面上,最後再壓光,使金鍍層更為緊密、光亮,鎏銀技法亦然。由於鎏金的過程需要將水銀蒸發,會產生有毒的汞蒸氣,容易造成製作者中毒,因此現在只有剩下尼泊爾等地的少數工匠仍保持這項傳統工藝。

現代工藝發展出一種新方式，將銅或各種金屬直接浸入電鍍溶液中，以通電的方式將金鍍於各種器具或佛像之上，稱為鍍金，有時鍍上去的不一定是純金，而是其他類似金色的合金金屬，如果鍍的不是真金或是鍍金鍍得太薄，經過一段時間金色的部分可能開始出現紅色斑點或變黑，然而鍍金的厚度足夠的話，就可以呈現真金般的光澤且不易褪色。鎏金與鍍金相較之下，鎏金呈現的感覺較自然，鍍金則可以展現黃金的光澤。

還有一種技法是將金箔貼於佛像之上，薄如蟬翼的金箔不止是貼蓋於金屬上，也可以貼在木雕或其他材質上面，貼金箔一方面可以表現出黃金的質感，同時使用的黃金數量相對較少，特別是貼於木雕佛像上，能適當襯托出彩繪與原木之美。

金屬類 紅銅、青銅等

銅，人類最早從自然界直接取材使用的金屬之一，銅的導電性與導熱性在金屬中僅次於銀。純銅，顏色偏紫紅，又稱為紅銅（紫銅）；銅與鋅融合的銅合金，顏色偏金黃色，因此被稱為黃銅，由於敲打黃銅的聲音特別清脆響亮，因此許多樂器，像是鑼、鈴、磬等都是用黃銅製作，而且黃銅色澤類似黃金，因此許多佛像也喜歡使用黃銅鑄造，彰顯貴氣，因此也稱金銅。

青銅，是銅與錫混合鎔鑄的，表面呈現青色，具耐磨性、耐腐蝕以及鑄造性，因此中國古代大量使用青銅製造各種工具器物，青銅另一個特點是「熱縮冷脹」，這樣特性用來鑄造各種塑像，會使得塑像的面目特別清晰，因此青銅也經常成為製作佛像的材質之一。白銅，是以銅及鎳兩種金屬混合製成，色白類似銀，不易生鏽，最常見的就是我們現在使用的錢幣。以往佛像鑄造所使用的材料多為紅銅、黃銅；中國則偏好使用青銅，少數使用白銅；尼泊爾、西藏常用紅銅與黃銅。

銅製佛像的保存及清潔容易，一向是工匠們偏好使用的材料，銅製佛像經過時間的洗禮，表面氧化的皮殼光澤，有紅有黑，這是鑑別佛像年代、保存環境的觀察指標，現代銅製品多會用皮革及銅油擦拭，但是一般佛像供奉在佛堂，受祭祀香火的供養，薰香的油脂經年累月與銅身產生化學作用，而形成一種古樸之美，因此建議一般保養銅製佛像，除非是現代藝術創作品才使用銅油擦拭，傳統佛像只需要使用柔軟的乾布定期拭去灰塵即可。

植物類 樟木

樟木是華南地區特有的木類，生長快速又具有香氣，能製成樟腦製品，避蟲害，特別是樟木的質地細軟，適合雕刻，因此中國的雕刻匠師很早就使用樟木作為雕刻品的主材料，在中國，早期的木雕作品多製成道教神像或民間藝品之用。在印度，木雕佛像並不多見，直到佛教傳入中國才開始使用木雕作為佛像的題材之一，現今所見木雕佛像多半是中國風格，觀世音菩薩、菩提達摩都是常見的代表。

樟木的顏色依種類不同各異，從白、淺黃到褐紅色均有，要雕刻的樟木需經過一定時間的陰乾穩定，若砍伐後未經乾燥或乾燥不完全就直接雕刻的話，日後產生龜裂的機率很高，因此有經驗的工匠會選擇成熟優良的木料進行雕刻，這比雕刻好之後再進行任何保養動作都來得重要。現在的樟木佛像雕刻完成後，通常會進行塗漆固型及彩繪描金，整尊佛像藉由雕刻師及畫師的巧手均能呈現栩栩如生之感。

植物類 黃楊

黃楊木多產於中國中部，屬於硬木，質地細膩堅硬，色澤偏黃而有斑紋，由於生長緩慢，不常開花不結果，又稱為千年矮，適合

用於雕刻。雕刻拋光後的黃楊木觸感平滑，似膠泥般，原木色的佛像作品，匠師雕工搭配天然樹理紋路能令觀者頓生平靜之心。

植物類 沉香木

沉香木在佛經及密續中常被提及，是各種修法薰香的主要成分之一，不僅在中國、東南亞、日本等佛教國家常使用，中亞的阿拉伯國家也不惜重金大批收購沉香木作為薰香之用。大塊的沉香木料常作為佛像雕刻或製作佛珠，常時間配戴過的沉香念珠吸收了人體油脂便不宜入藥或拿來燻燒，沉香佛像若供奉在佛桌上，最好以玻璃框當保護罩著為宜，一來避免灰塵，二則使香味不易散逸。平日保養沉香佛像只要簡單以毛刷或軟布擦拭即可。

植物類 檀香木

檀香木，就是佛經裡常見的白栴檀，許多密續經典提到以白栴檀雕刻尊像以求靈驗，此外檀香木也是薰香禮佛的上等香品，木質色白偏黃，也稱為白檀或黃檀等。佛經裡提到的赤檀，其實就是紫檀，紫檀色紅偏紫，使用越久色澤越黑亮，自古便是名貴木材之一，是硬木當中質地最堅硬，比重最重的木材，一般也認為紫檀製作的佛像或念珠具有懷愛的功德。

另外還有黑檀與綠檀，也是適合雕刻佛像的質材，但黑檀、綠檀其實與檀香木並無關連，而是其他樹種，其木紋秀麗帶有些許香氣，而且價位較為低廉，因此大量佛像雕刻也使用此類材質。

植物類 香木

凡具有香氣的高山杉柏類植物都是受歡迎的木雕材質，由於生長緩慢、產量稀少而更顯珍貴。檜木就是屬於柏木類，在全球各地都有不同品種，其中以台灣檜木香氣特別濃郁，常被製作成高級

藝品或佛像雕刻，檜木顏色褐黃，木紋清晰，氣味特別且耐腐性極強，其他像是扁柏、肖楠也都是常用的雕刻木材。

礦物類 翠玉

玉石是中國文化不可或缺的，所謂翠玉，一般又稱為緬甸玉，這種玉石在明朝才傳入中國，其硬度較一般玉石硬，因此又稱硬玉，其中以鮮豔翠綠色彩，最受人們喜歡，又稱為翠玉，而中國地區的玉石，通常質地較軟，因此稱為軟玉。

現代評斷翠玉好壞的標準，通常以顏色、質地、透明度為準，大多數翠玉是白裡帶綠，顏色越綠，價值越高，其它還有紅色、黃色、紫色等，但以翠綠色最受喜愛，質地越細緻、透明度越高的都是翠玉的上品。在保養方面，一般以溫水擦拭，可以加入少許嬰兒油混和溫水擦拭，讓油脂慢慢滲入玉的毛細孔之中，以防止玉的表面失去光澤甚至產生龜裂，但是大型玉雕不宜用油來保養，使用水性亮光臘擦拭即可。

礦物類 漢白玉

自古以來中國經常以漢白玉作為宮殿雕刻、佛教造像使用，事實上漢白玉就是純白色的大理石，漢白玉質堅緻密，但由於大理石是碳酸鈣的成分，因此要小心別碰觸到酸性物質。漢白玉材質的佛像雕刻通常會在表面塗上亮光臘保護之，因此平常以乾淨軟布輕輕擦拭灰塵即可，切勿過度擦拭，以免造成石體損傷。

礦物類 珊瑚

佛教將珊瑚列為七寶之一，是供佛的吉祥聖物。珊瑚的種類繁多，以深紅色珊瑚最為珍貴，東西方文化對紅珊瑚都情有獨鍾，古羅馬甚至稱紅珊瑚為紅金，各種宗教也常以紅珊瑚作為裝飾。

由於珊瑚是珊瑚蟲骨骼長成的生物性寶石，因此保養方面要特別小心，飾品配戴後最好以清水擦拭，再上嬰兒油保養，雕刻擺件則盡量減少觸碰，最好放置在透明玻璃櫃或錦盒裡，定期上嬰兒油保養。

礦物類 琥珀

琥珀，是古代松杉類植物的樹脂埋入地下經由千萬年的地層壓力而形成，顏色呈現深淺不同程度的黃色，透明者稱為琥珀，不透光如奶蜜色澤者稱為蜜蠟，是佛教珍貴的七寶之一。

現今大多數的琥珀都是北歐波羅的海地區所出產，大多用於珠寶飾品或佛教念珠的用途，質優者經常用來雕刻佛像作品，金黃色的琥珀被認為具招財象徵。琥珀是樹脂所形成，硬度很低，平常保養以軟布擦拭即可，避免靠近高溫或太乾燥而產生裂紋，偶而可沾取嬰兒油塗抹，以保持圓潤光澤。

礦物類 青金石

青金石是一種藍色礦石，青色的程度各不相同，經常伴隨黃鐵礦的金點或白色方解石混生，以正藍色混上點點金砂為最上品，至今仍保有一級玉料的地位。就能量寶石的觀點而言，認為青金石可讓人心靈平靜、提升專注力。古埃及將青金石視為與黃金同等級，因為其色如天，因此廣受古文明皇帝們的青睞，常以青金石雕刻品作為護身符配戴。在古代以青金石雕刻的佛像十分罕見，因此特顯尊貴。

礦物類　水晶

　　水晶，又稱菩薩石，晶瑩剔透又堅硬，常被認為具有神祕的磁場能量，密宗灌頂也常以水晶作為證悟或清淨意的代表。現代水晶的開採量大，開採技術也很進步，取得數十公斤甚至數百公斤的大塊原石並不困難，因此出現不少水晶佛像。華人通常會搭配五行風水學說，而將水晶視為開運擺設之用。水晶質地堅硬，不易受到髒汙，清潔方式只要以水沖洗即可。

 ## 礦物類　石刻

　　寶石雕刻基本上也是石刻藝術，但古時大部分神佛像都是選擇以當地質地堅硬、不易風化粉碎的石材來作為雕刻素材，玄武岩、花崗岩、安山岩等經常被選為雕刻石材，現今許多寺廟的雕刻多使用玄武岩類的青斗石或花崗岩。天然石材雕刻的佛像，基本不需要清潔保養，適合擺放在玄關或庭院等開放的空間。

 ## 人工合成類　泥塑擦擦

　　大乘佛教興盛之後，以塑造佛像、建立佛塔為功德，藉由各地佛教的弘揚，信徒刻製模具，以細泥、香藥等材料混合，大量壓製出泥塑佛像，經由陰乾、窯燒成形，再供奉封藏於佛塔內，這樣的泥塑佛像在中國早期稱為「善業泥」，一般多為數公分高的單尊佛，也有尺寸約二、三十公分的佛龕式善業泥。西藏也有這樣的文化習慣，並將以此製作方式的佛像稱為「擦擦」，除了將親人骨灰混製到這些佛像擦擦裡，供奉在山區神廟處以求為亡者累積功德之外，也有以大修行者的加持物製成的各種「布擦」（以修行者的加持物混和泥土製成）或是「藥擦」（以藏藥之藥泥壓製而成），分贈給信徒配戴供奉在嘎烏或佛龕裡，當作護身與避邪之用。

早期大乘佛教傳入時，東南亞也有不少佛塔裡置放大量泥模小佛像，後來某些佛塔年久崩塌，這些小泥佛被信徒取出，以棉線或銅線包綑成為配戴的護身符，後來在泰國等地改奉行南傳佛教，但仍有不少僧侶保留製作小泥佛的傳統，並加入各種礦石、僧侶食用後的剩餘米飯、供佛的香灰或花等材料，製作成各種神佛造形的佛牌，逐漸形成現今泰國佛牌的佩帶與蒐藏風潮。

人工合成類 陶瓷

在中國，陶瓷是生活中最常見的物品，不論是生活起居常見的碗盤或是裝飾擺設的花瓶、各種擺件等，中國發展出各式精美的陶瓷藝術，陶瓷佛像可以算是中國化的泥塑佛像，在建塔供奉善業泥佛的風潮過後，佛教融入平民百姓的家庭生活，在家中供奉佛像成為人們心靈的皈依處，木雕及陶瓷類佛像皆因價格合理而廣為民眾接受，於是工匠巧手下一件件精美的陶瓷佛像因應而生。陶瓷類佛像有單陶色、白瓷、彩瓷等，一般保養只要以清水軟布擦拭即可，擺放時要注意安全，畢竟陶瓷屬於易碎品。

人工合成類 琉璃

琉璃可分為天然玻璃與人工再製品，現代常見的琉璃多是人工燒製，因為琉璃也是佛教七寶之一，明亮剔透的感覺特別容易展現佛像靜謐之感，因此不少琉璃藝品也以佛像或吉祥物作為創作品，琉璃是由天然玻璃原料加添各色礦物而燒製成多種繽紛色彩，琉璃與玻璃一樣觸摸時有涼感，其質感色澤可長久保存，在保養上以水清洗或毛刷輕撫灰塵即可。

第2章 心無罣礙
佛像的開光事宜

迎請有眼緣的佛像之後，緊接著就是要將聖像請回家裡供奉，為了避免雕像中有不好的氣或磁場，我們可以依自己的宗教信仰進行灑淨開光的儀式，一般相信這麼做是受到中國佛道混合的信仰所影響，認為將佛像灑淨開光可以讓世俗的物質轉化為具有神聖的力量。

早期大乘佛教對於佛像的開光並沒有一定的軌範，所謂的「開光點眼」原本是道教專有的儀式，時至今日，「開光」這個名詞已經廣泛運用在將所供奉的佛像進行聖化的過程，儀式中融合了道教在開光時使用的法器與方法。有些漢傳佛教的法師主張佛像既成，不需開光，只要虔心供奉必有靈驗。不論是哪一種論點，只要供奉者內心平靜、喜樂，沒有產生罣礙之心，是否進行開光儀式，因人而異，並非一定要請法師進行隆重的開光儀式；若是想避免有所罣礙的話，也可以自行進行簡易的灑淨動作。

漢傳佛教的灑淨與開光

灑淨，原初由藏傳佛教傳出，如《蘇悉地羯羅經》：「為淨座故，真言香水灑潔於座。又誦七遍，灑地方界，能除諸穢而得清淨。」爾後，藏傳佛教在中國逐漸衰微，但部分觀念及儀式仍保留漢傳佛教之中，雖不再以經文中專門灑淨的真言咒語加持及行法，但仍必須以真言香水灑淨。灑遍壇場四周作為淨化之用，日後再加入漢傳佛教的儀軌及咒語，例如楊枝淨水讚、大悲咒等，慢慢形成漢傳佛教常見的灑淨儀式。

❀ 佛教小常識 ❀

❖ **真言香水** 白檀、龍腦、紅花等藥與淨水混合之後，再經由持咒結印加持後，則稱之為真言香水。

漢傳佛教與中國發源的道教、民間信仰相互交流之下，佛像開光與灑淨的儀式或多或少融合了各地的民間信仰與道教觀念，因此以下簡單介紹一般通用做法，以供參考。

▌法師主持灑淨的程序

　　一般而言，延請法師到家宅主持灑淨或開光安座的基本程序如下：由一或三位法師主持，領眾念誦楊枝淨水讚、觀世音菩薩佛號三稱、念誦三次大悲咒，在念誦過程中，法師左手持淨水杯，以右手無名指或持楊柳等植物沾水隨走隨灑，環繞家宅一周；回到佛像面前，念誦心經一次及迴向功德，亦可加念普門品或做佛前大供等，傳統上習慣於中午十一點前後進行佛前大供，因此大致上會請法師於早上完成灑淨儀式。

▌法師主持開光安座的程序

　　開光點眼原本是道教用語，就是以硃砂筆為神像點睛開光的儀式。漢傳佛教也吸收了部分儀式為佛像開光之用，一般寺院或佛堂的開光安座儀式會準備像是鏡子、硃砂筆等開光用具，甚至法師還會準備開光文疏於法會中念誦及燒化，只是做法略有不同，比方說以硃砂點睛變成象徵性的動作，而不是真正在佛像眼睛上塗點，有些法師則在空中寫「嗡啊吽」三字或寫「開光」兩字。

　　另外，有些情況是佛像已經進行過開光儀式，只是迎請到新處所時，就只需要舉行安座法事，不論是否舉行開光儀式，共通之處是都會進行灑淨的動作，差別在於誦念經文的多寡與是否延請法師開示法語的差別。一般而言，傳統上供奉者通常會將佛像送至寺院請高僧舉行法事，開光點眼或先將佛像奉在佛寺一段時間後再請回家中供奉，有的情況是因為新設立佛堂，因此直接將佛像擺在佛桌案上，再禮請法師至家中舉行儀式，居家灑淨與開光安座的進行程序通常先舉行灑淨，接著是開光與安座，流程如下：

	標準灑淨開光	簡易灑淨開光
《結界淨壇讚》 （楊枝淨水讚）	楊枝淨水，遍灑三千。性空八德利人天，福壽廣增延。滅罪消愆，火燄化紅蓮。 南無清涼地菩薩摩訶薩(三稱)	楊枝淨水，遍灑三千。性空八德利人天，福壽廣增延。滅罪消愆，火燄化紅蓮。 南無清涼地菩薩摩訶薩(三稱)
灑淨壇城、佛堂	念誦觀世音菩薩聖號三次 南無大悲觀世音菩薩 (三稱) 念偈誦： 菩薩柳頭甘露水，能令一滴遍十方。腥羶垢穢盡蠲除，令此壇場悉清淨。 誦《大悲咒》三次，或七次，或二十一次，多多益善。並持水杯於家中灑淨。 於佛前，左手持水杯念誦至少一次大悲咒後，邊念誦《大悲咒》邊用右手無名指沾水隨走隨灑，以順時針繞行家宅一圈，在家中各處灑淨之後，回到佛前，念誦完所要念的《大悲咒》遍數即可。	念誦觀世音菩薩聖號三次 南無大悲觀世音菩薩 (三稱) 念偈誦： 菩薩柳頭甘露水，能令一滴遍十方。腥羶垢穢盡蠲除，令此壇場悉清淨。 誦《大悲咒》三次，並持水杯於家中灑淨。 於佛前，左手持水杯念誦至少一次大悲咒後，邊念誦《大悲咒》邊用右手無名指沾水隨走灑，以順時針繞行家宅一圈，在家中各處灑淨之後，回到佛前，念誦完所要念的《大悲咒》遍數即可。
焚香、迎請開光 安座	燃香供佛時，一同念誦《爐香讚》 爐香乍爇。法界蒙薰。諸佛海會悉遙聞。隨處結祥雲。誠意方殷。諸佛現全身。 南無香雲蓋菩薩摩訶薩(三稱) 禮佛三拜 南無常住十方一切諸佛，一切尊法，一切菩薩賢聖僧。(三稱三拜) 迎請安座 香花迎、香花請、弟子○○○，一心奉請 <u>南無娑婆世界本師釋迦牟尼佛、東方淨琉璃世界藥師琉璃光如來、西方極樂世界阿彌陀如來、大悲觀世音菩薩、大願地藏王菩薩、大智文殊師利菩薩、大慈彌勒菩薩、護法韋馱尊天菩薩</u>，唯願不違本誓、哀憫有情、分身現相、居茲蓮座 (三請三禮) （畫線處的稱名佛號依行者意樂可作增減，若欲開光之佛菩薩不在上列名號之中，即加入唸某某佛菩薩名號） ◎誦《獻座偈》 佛身充滿於法界，普現一切眾生前，隨緣赴感靡不周，而恆處此菩提座。	若要簡化迎請安座，可以只誦《獻座偈》 佛身充滿於法界，普現一切眾生前，隨緣赴感靡不周，而恆處此菩提座。

	標準灑淨開光	簡易灑淨開光
誦《般若心經》	開光安座時先誦《般若心經》三遍，另加誦 唯願 南無大悲觀世音菩薩（佛堂上供奉哪尊佛像，即唸該尊佛像佛號） 不違本誓、哀憫有情、分身現相、恆常居此處蓮座。 護祐 弟子闔家 平安吉祥、消災除障、所求如意、修行成就。	安座時先誦《般若心經》三遍，另加誦 唯願 南無大悲觀世音菩薩（佛堂上供奉哪尊佛像，即唸該尊佛像佛號） 不違本誓、哀憫有情、分身現相、恆常居此處蓮座。 護祐 弟子闔家 平安吉祥、消災除障、所求如意、修行成就。
誦《讚佛偈》並持念佛號	誦《讚佛偈》並持念佛號 佛面猶如淨滿月，亦如千日放光明，圓光普照於十方，喜捨慈悲皆具足，如於此會見佛坐，一切塵中悉如是，佛身無去亦無來，所有國土皆明現。 南無大悲觀世音菩薩 （一百零八遍以上，多多益善！佛堂上供奉哪尊佛像，即唸該尊佛像佛號，若有三尊、五尊可自行排列稱名佛號順序及數量）	誦《讚佛偈》並持念佛號 佛面猶如淨滿月，亦如千日放光明，圓光普照於十方，喜捨慈悲皆具足，如於此會見佛坐，一切塵中悉如是，佛身無去亦無來，所有國土皆明現。 南無大悲觀世音菩薩 （一百零八遍以上，多多益善！佛堂上供奉哪尊佛像，即唸該尊佛像佛號，若有三尊、五尊可自行排列稱名佛號順序及數量） 若不作佛前大供者，於念誦《迴向偈》前念誦 願以此香花、素果，供養常住十方一切諸佛，一切尊法，一切菩薩賢聖僧。南無娑婆世界本師釋迦牟尼佛、東方淨琉璃世界藥師琉璃光如來、西方極樂世界阿彌陀如來、大悲觀世音菩薩……（此處後加稱名佛號依行者意樂可作增減）
念誦《迴向偈》	（版本眾多，附上三種參考，擇一念誦即可） 〈版本一〉 願以此功德，普及於一切，我等與眾生，皆共成佛道。 〈版本二〉 願以此功德，莊嚴佛淨土，上報四重恩，下濟三塗苦，法界諸眾生，悉發菩提心，盡此一報身，同生極樂國。 〈版本三〉 願以所修諸功德、悉皆供養三寶尊，願佛聖法普昌隆、功德迴向諸眾生，怨親近疏恩仇等、永離四苦三毒害，解脫生死輪迴海、得證佛果不退轉。	（版本眾多，附上三種參考，擇一念誦即可） 〈版本一〉 願以此功德，普及於一切，我等與眾生，皆共成佛道。 〈版本二〉 願以此功德，莊嚴佛淨土，上報四重恩，下濟三塗苦，法界諸眾生，悉發菩提心，盡此一報身，同生極樂國。 〈版本三〉 願以所修諸功德、悉皆供養三寶尊，願佛聖法普昌隆、功德迴向諸眾生，怨親近疏恩仇等、永離四苦三毒害，解脫生死輪迴海、得證佛果不退轉。
佛前大供	可有可無 （佛前大供可單獨施作，不一定與灑淨安座一起，一般延請法師作較正式的法事時或在寺院才會舉行，整套儀軌則在一般顯宗日修課誦本中皆有附錄。）	無

　　如果是請供已經開光圓滿的佛像回家裡的佛堂安置，亦可自行進行簡單的灑淨、安座的儀式。灑淨的作用在於淨化家宅空間，或新設佛堂的前行準備儀式，若家中有時遇到不平安的狀況也可多次進行灑淨儀式。依照進行方式的繁複程度不同，可分為簡易與標準兩種方式，方法如下：

標準版灑淨流程	簡易版灑淨流程
準備一個水杯裝乾淨的水，並擺放香花供品等。 1. 先念誦《結界淨壇讚》（楊枝淨水讚） 　楊枝淨水，遍灑三千。性空八德利人天，福壽廣增延。滅罪消愆，火燄化紅蓮。 南無清涼地菩薩摩訶薩（三稱） 2. 灑淨壇城、佛堂，念誦觀世音菩薩聖號三次 　南無大悲觀世音菩薩 (三稱)	1. 灑淨壇城、佛堂，念誦觀世音菩薩聖號三次 　南無大悲觀世音菩薩 (三稱)
3. 念偈誦： 　菩薩柳頭甘露水，能令一滴遍十方。腥羶垢穢盡蠲除，令此壇場悉清淨。	2. 念偈誦： 　菩薩柳頭甘露水，能令一滴遍十方。腥羶垢穢盡蠲除，令此壇場悉清淨。
4. 誦《大悲咒》三次，或七次，或二十一次，多多益善。持水杯於家中灑淨。 於佛前，左手持水杯念誦至少一次大悲咒後，邊念誦《大悲咒》邊用右手無名指沾水隨走隨灑，以順時針繞行家宅一圈，在家中各處隨意灑淨後，回到佛前並念誦完所要念的《大悲咒》遍數即可。	3. 誦《大悲咒》三次，持水杯於家中灑淨。站在佛前，左手持水杯念誦至少一次大悲咒之後，邊念誦《大悲咒》邊用右手的無名指沾水隨走隨灑，基本上以順時針繞行家裡一圈在家中各處隨意灑淨即可，最後再回到佛前，並念誦完所要念誦的《大悲咒》。
5. 誦《般若心經》一遍，之後再誦 摩訶般若波羅蜜多（三稱），最後再誦《迴向偈》即完成。	4. 誦《般若心經》一遍，之後再誦 摩訶般若波羅蜜多（三稱），最後再誦《迴向偈》即完成。
6. 再誦《迴向偈》即完成。 （版本眾多，附上三種參考，擇一念誦即可） 〈版本一〉 　願以此功德，普及於一切，我等與眾生，皆共成佛道。 〈版本二〉 願以此功德，莊嚴佛淨土，上報四重恩，下濟三塗苦，法界諸眾生，悉發菩提心，盡此一報身，同生極樂國。 〈版本三〉 願以所修諸功德、悉皆供養三寶尊，願佛聖法普昌隆、功德迴向諸眾生，怨親近疏恩仇等、永離四苦三毒害，解脫生死輪迴海、得證佛果不退轉。	5. 再誦《迴向偈》即完成。 （版本眾多，附上三種參考，擇一念誦即可） 〈版本一〉 　願以此功德，普及於一切，我等與眾生，皆共成佛道。 〈版本二〉 願以此功德，莊嚴佛淨土，上報四重恩，下濟三塗苦，法界諸眾生，悉發菩提心，盡此一報身，同生極樂國。 〈版本三〉 願以所修諸功德、悉皆供養三寶尊，願佛聖法普昌隆、功德迴向諸眾生，怨親近疏恩仇等、永離四苦三毒害，解脫生死輪迴海、得證佛果不退轉。

另外還有些派別的法師則主張佛像不需要開光點眼，而講究供奉的誠心，他們認為若佛像需要依靠人來開光點眼，等同意味著心外求法，因此主張佛像之靈驗在於虔誠，禮佛乃是藉由禮心外之佛像而修心內之佛性。

無論是哪一種說法，只要供奉者一心向佛，心念端正，傳承正確，意志堅定，佛自然有所護佑。其實學佛是可以很歡喜自在的，重點在於堅定信念。然而若信仰不夠堅定，心有所罣礙，一般認為，佛或正神有可能會退去，此時可藉由灑淨與開光勝住的儀式，預防佛像不會遭受到不清淨的磁場或靈體所入侵，而對供奉者帶來干擾。

藏式裝臟、灑淨與開光

藏傳佛教對於佛像的開光流程，早在畫師或匠師製作佛像時就已經有相應的方法準備，例如畫一幅唐卡佛畫，畫師會依照《造像量度經》的儀軌尺度去進行畫作，並先與請供者商訂好繪畫的工資，在繪畫過程中畫師持守八關齋戒、觀想諸佛並念誦咒語，直至唐卡完成。現代的唐卡大多先由畫師繪製完成後，信徒方於各文物中心、商家請供，請供後應請具修行的金剛上師於佛畫背後寫上「嗡啊吽」三種子字，並面對唐卡本尊進行供養、禮讚等開光儀軌，如此開光完成的唐卡應視為真佛一般，不可置放於低處或跨越。

在西藏，佛像多為泥塑或金屬鑄造，佛像通常是中空的，佛像裡留有空間以便置放裝臟物。藏傳佛教認為取得佛像的第一件事就是為佛像裝臟、置中脈。如同人有脊椎、五臟六腑一般，因此裝臟的法寶除了各種

因緣得來的舍利子及各種大修行者的聖物之外，都應該置放有法身舍利，也就是經文咒語。嚴謹者則必須安放五大陀羅尼咒（佛頂尊勝陀羅尼、佛頂放無垢光明陀羅尼、一切如來心祕密全身舍利寶篋印陀羅尼、菩提場莊嚴心中心陀羅尼、十二因緣陀羅尼）、五根種子字或六處種子字以及中脈木。種子字依序書寫於中脈各處，以金泥為上、朱墨次之，而五陀羅尼咒經卷依序纏繞於中脈木上。

若佛像空間有餘，還可以裝臟相關之諸佛菩薩陀羅尼咒，甚至整部經典，但要注意擺放位置不可上下顛倒，剩餘部份則是以五香、五寶、五藥、五金、五穀等珍

❖ 佛教小常識 ❖

❖ **藏傳佛教的諸佛菩薩** 都以一個梵字代表該本尊，觀想其大小如種子般，又以其代表本尊的究竟清淨心識，能長成菩提大樹，所以稱為種子字。除了本尊的種子字外，還有其他例如「嗡啊吽」分別代表我們身中的身語意三金剛本質，觀想念誦「嗡啊吽」就可以與我們自己的身語意三金剛相應，而淨化我們的身語意三業。

❖ **五根種子字** 分別代表眼、耳、鼻、舌、身，又表示五方如來；六處種子字分別代表頂上肉髻、額、喉、心、臍、密處，又表示六大菩薩。

❖ **中脈** 密教金剛乘認為人體具有中脈及左右脈，若中脈之氣能完全淨化，等同成佛，佛像內的中脈木就是代表佛的清淨氣，五根種子字或六處種子字書寫於中脈木上或經卷捆繞於其上都是代表著中脈的清淨無染。中脈木應取檀、柏等品質較好具香氣的良木，並依循生長方向雕刻，下方為正四方形，往上漸縮成圓錐或方尖碑型，若裝臟大型佛像時，甚至會將中脈頂雕刻成佛塔形，底部雕刻成五股金剛杵。

❖ **佛像裝臟** 若是要放入大修行者的聖物，像是大修行者的頭髮、衣物或是使用過的法器時，必須注意一件事，若該修行者或上師未圓寂前，不應將其頭髮或牙齒等身體聖物裝入佛像，這樣會導致該位上師的壽命障礙，而有短壽之虞！然而，以上諸聖物放入自己隨身佩戴的嘎烏則無此顧慮。

寶研磨成泥粉填塞佛像並且嚴實封底，便完成裝臟的流程，隨後即可請金剛上師開光後供奉。

就藏傳佛教而言，對於佛像裝臟與開光的看法則非常嚴格，認為佛像最好都經過裝臟與開光的儀式為宜，而佛畫唐卡則應該於背面寫上「嗡啊吽」三個種子字代表清淨的身語意，之後再請具有修行功力的高僧大德進行一定規範的開光儀軌修法，這樣的佛像才是一尊完整的佛像。

藏傳佛教的開光儀軌必須由熟稔法事的出家人或金剛上師舉行，一般在家眾不可自行開光，上師開光的程序因派別差異略有不同，通常如下：

念誦皈依發心，觀空除障（嚴謹者加上遣魔結界），迎請智慧本尊自密嚴法界來到此地，對本尊與諸佛菩薩、護法龍天進行八供養，讚頌本尊並祈請長久安住於此處，若舉行大法會，此處供養、讚頌儀軌會重複念誦數遍乃至百零八遍，再獻供養並送返本尊回真如法界，最後念誦發願文、迴向偈等等。

第3章 佛化人生
如何於居家擺設佛像

就傳統的風水學說而言，宗教物品尤其是神佛像，代表一種福氣，但同時也是煞氣，例如：住宅風水很忌諱與宮廟神壇是對門或相鄰，因為神佛不止是保佑人類的生活，也調停靈界間的各種紛爭，所以宮廟旁容易聚集陰氣及穢氣，因此人們對住宅的選擇常會遠離這些宗教場所。

從佛教的觀點，對於神佛像的看法則略有不同，佛教認為凡是佛像皆吉祥，簡單供奉開光圓滿的佛像便是有福德至家，虔心修法者更易感護法善神來臨守護。但是若家中擺放未開光的佛像作為藝術裝飾或擺設時，建議可以採用佛教簡單的淨化方式來避免不好的穢氣，也可以藉此讓心靈自在平靜，沒有罣礙。佛教簡單的淨化方式如下：

1. **大悲咒水**：大悲咒水可自行於佛像前手持水杯，念誦大悲咒加持而成，偶爾也有佛教道場免費結緣，一般都是拿來灑淨家宅、飲用保平安，除了灑淨之外，可來擦拭家中擺放的佛像（彩繪木雕除外），或將保養金屬佛像專用的銅油或保養玉石佛像的嬰兒油以念誦大悲咒加持，使用這些加持過的大悲咒水或大悲咒油定期擦拭，便可避免不乾淨的氣場或靈附著於未開光的佛像上。

2. **真言芥子**：密教金剛上師多會修持真言芥子（一種植物種子經由加持忿怒真言而成）與安息香作為除障、灑淨之用，可以取這些芥子與安息香加入市售的藏香、除障香或淨穢香混和焚燒，定期薰染這些未開光的佛像，也可辟除穢氣與邪祟。若擔心有時忘記淨化，可以將十數顆真言芥子裝入小布袋裡，黏貼在佛像背面，或放置於佛像內部中空處，同樣具有避邪穢的功效。

3. **除魔或迴遮咒輪**：許多經由加持的咒輪（例如：大白傘蓋咒輪、馬頭明王咒輪、忿怒蓮師咒輪、文殊九宮八卦圖）通常會懸掛於家門口、車上或隨身攜帶達到保護辟邪的作用，將這些咒輪安放在未開光的佛像內或佛像背後，或者在佛像頭部的正上方處懸掛，如此亦能避免招惹到不好的磁場與靈體問題。

風水玄說是中國傳統陰陽五行的文化體現，藉由對環境的觀察與設計，引導主人家趨吉避凶，利用空間擺設增旺自身運勢或避免沖煞。風水空間與個人命格有所關連，學說派別紛雜，我們僅就一般居家擺設常見的規範與標準，介紹各位如何應用佛像於居家美化的藝術擺設，同時兼備化煞招福之效，若更為講究者，可以實際請教風水師依據個別情況的五行命格進行微調的動作。

●文殊九宮八卦圖

庭院

庭院是我們居家生活與休閒的場所種植植物、擺設盆景，甚至有草坪或小水池養魚，通常會依照主人的喜好將庭院布置成西式、中式或日式風格庭園，有時也會擺放佛像提升整個庭園的氣氛，藉此祈求開運、助財及保佑平安。

由於庭院屬於戶外環境，在挑選所擺放的佛像通常會考慮到風吹、雨淋、日曬問題，因此佛像的材質以石雕或陶藝品為佳，銅製佛像若是以現代工藝製法，不易受風雨侵蝕的款式也相當合適，但

傳統翻模、木質與鎏金佛像就不適宜擺放在戶外空間。

　　家中庭院若有松柏之類的常青樹，很適合在樹下置放菩提達摩或菩薩思惟像，以增添禪意，擺放釋迦牟尼佛或阿彌陀佛等禪定相則顯得平靜穩定。庭院若有水池，則除了可種植蓮花或飼養錦鯉之外，水池中央擺放觀世音菩薩立像，或阿彌陀佛接引像，其意境彷若淨土勝境、滿盈八功德水；另外擺放與龍有關的佛菩薩造像也具有聚財、聚寶的功能；水池邊擺放小石塔，可以營造些許日式庭院風格。有些人喜歡在庭院種植香草、藥草或蔬果植物，也適合在其中擺放一尊藥師佛，如此便與本尊的殊勝功德相互輝映。不過庭院擺設的重點以一景一菩薩為宜，若庭院本身空間不大，就不宜放置太多尊佛像。

● 庭院造景中的佛像

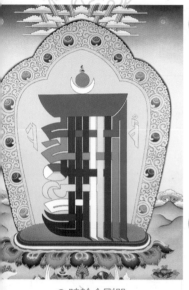

● 時輪金剛咒

✱ 佛 教 小 常 識 ✱

❖ **時輪金剛心咒** 時輪金剛心咒的十個種子字分別代表地、水、火、風等各種力量，能而獲得十種自在，如壽命自在、資具自在、心自在、神力自在、願自在等等，懸掛此圖的地方能帶來諸多吉祥、消除各種障礙凶煞。

❖ **文殊九宮八卦圖** 是由蓮花生大士依據中國八卦、九宮（九方格內安置一至九個數字）、加上十二生肖與印度、藏地各種避煞符號與法器圖混合成的擋災避煞的法寶，有繪畫成唐卡的，也有金屬製作的小掛牌。

❋ 門戶

　　門戶一般不會擺放佛像類的物品，有些宅第較大的可能擺放石獅之類的雕像，大部分多是懸掛八卦鏡、山海鎮等避煞物品，有些人會如同佛寺一樣掛有四大天王或者韋馱天的畫像，藏傳佛教則常用時輪金剛心咒（又稱十相自在圖）、文殊九宮八卦圖與各種除魔、迴遮咒輪或金剛杵、普巴杵等。

❋ 玄關

　　玄關是進入房屋裡的第一個空間屏障，具有阻擋大門所進入的煞氣與調節內外氣場的重要功用，也是來訪客人的第一印象，因此不少人喜歡在此展現居家品味而擺放佛像或藝術品作為裝飾。在玄關處擺放藝術品時，應注意是否觸犯風水禁忌，另外如果房屋坪數太小，設置玄關反而顯得窄亂，這時就不一定要設置玄關了。

　　通常一般人會以為在玄關處擺放神佛像，有避煞招福之用，其實玄關已是屋內的一部分，擺放原則應該以和諧門外及屋內的氣場為主，因此建議擺放像是水月觀音之類的佛像，一進屋內，便讓

人感受到自在悠閒的氣氛；若希望招財納福可擺放大肚彌勒的各種造型，或站或坐皆可，以持布袋為佳，躺臥式彌勒則較不適宜。另外，若玄關大門外有較多的煞氣，適合擺放菩提達摩，擋煞效果較佳。請切記，玄關處不宜擺放持有刀劍類的神佛像，也不要將佛像擺放在鞋櫃上方或鞋櫃旁邊。佛像擺放處應有獨立的展示台，如果能加上投射燈更好，在視覺上不僅可以清楚觀賞到莊嚴的佛像，也增加玄關的明亮度。

客廳

　　客廳風水是整個家庭運勢的核心，以客廳為中心分割出九宮格、八方位，分別代表屋主全家的各種運勢，簡單畫出客廳的平面圖並標示門窗的位置，將空間均分為九格或者以中心用羅盤測量出八個方位，八個方位分別代表八種運勢，除了該方位原本的五行屬色外，還有助旺的五行屬色可用。一般而言，大門進客廳後，正對角的位置就是一般所稱的財位位置，可以在該處放置一些招財招福的物品，例如擺放財神、寶瓶、聚寶盆、紫晶洞等，以下簡單將客廳八個方為代表的運勢及合宜的擺設方式提供給各位作為參考。

方位	代表運勢	五行屬色	五行相生（助旺）	五行相剋	合宜的擺設
正東	健康	木→綠	水：黑、藍	金：白	代表健康運，五行屬性木，顏色屬於綠色，以及相生助旺的五行為水、藍黑色，這些相關的物品都可以布置擺放在該方位，而忌用五行金、白色類的物品，因此，在此位置擺放木雕的藥師琉璃光如來最為恰當，本尊顏色青藍，又是東方淨琉璃世界教主，與五行配相適當，另外種植一些綠色長青植物也有助旺氣，但要避免爬藤類植物或細長葉子的植物。
正西	財富	金→白	土：黃	火：紅	主財富運，五行屬性金，顏色白色，以及相生助旺的五行為土、黃色，可供奉密宗白財神、黃財神，或者財源天母，同時也可擺放寶瓶以及聚寶盆等等招財、招福的緣起物，千手千眼觀音、如意輪觀音或白玉雕刻的佛像也都適合擺放在此位。
正南	名聲	火→紅	木：綠	水：黑、藍	代表名聲運，五行屬性火，顏色紅色，以及相生助旺的五行為木、綠色，可以擺放紅色的鳳凰、紅檀木雕的佛像，避免擺放鏡子（鏡子屬水）、水族箱以及藍黑色的物體，佛像則建議可以擺放像是地藏菩薩、彌勒菩薩、象鼻財神等，咕嚕咕咧作明佛母也有助於提升權勢地位。
正北	事業	水→黑、藍	金：白	土：黃	主事業運，五行屬性水，顏色藍黑色，以及相生助旺的五行為金、白色，可供奉北方多聞天王（毘沙門天），以金屬材質製作的最佳，特別鎏金、鎏銀或鑲滿寶石，可增貴氣。另外也可供奉準提佛母、綠度母等本尊菩薩有助於事業、升遷等運勢。擺設水族箱養些風水魚也可以，但要注意自己是否五行與水有相沖，若有相沖者則不建議在家中擺放任何水族箱。
東北	文昌	土→黃	火：紅	木：綠	主文昌運，五行屬性土，顏色黃，以及相生助旺的五行為火、紅色，供奉代表智慧的文殊師利菩薩或者持書的觀音像都適宜，特別注意的是，如果東北方恰巧有門或窗戶的設置，可以擺放較威猛的明王像（如不動明王、穢跡金剛）或羅漢像（菩提達摩、降龍和伏虎羅漢），因為東北為鬼門，所以擺設這些本尊可以鎮伏邪氣，但若要鎮伏用，記得一定要開光而且供奉，若供奉不當反而易招引邪氣。
東南	子嗣	木→綠	水：黑、藍	金：白	會影響到子嗣運，五行屬性木，顏色屬於綠色，以及相生助旺的五行為水、藍黑色，多擺放一些常綠植物，同樣盡量避免一些爬藤類或有刺有毒的植物，擺設木雕的布袋和尚（旁邊有童子嬉戲的）或綠度母都很適合，擺設綠度母能去除障礙、有助求子，魚籃觀音、千手千眼觀音、大隨求佛母也都可以祈求小孩聰穎、無災無病。
西北	貴人	金→白	土：黃	火：紅	代表貴人運，五行屬性金，顏色白色，以及相生助旺的五行為土、黃色，準提佛母對於官運與升遷有特別的幫助，地藏菩薩也適合擺放在此方位，用金黃色的投射燈增加照明也有助提升貴人運。
西南	桃花	土→黃	火：紅	木：綠	代表桃花運，五行屬性土，顏色黃，以及相生助旺的五行為火、紅色，可在此處供奉如咕嚕咕咧作明佛母、紅財神等，另外擺放一些如粉紅水晶或紅色系的物品也非常合適。擺放紅色花朵招人緣時，要記得隨時保持花朵的新鮮，並經常換水。

走廊

走廊是溝通各空間的通道，基本上要保持明亮暢通，走道過窄則不適宜擺放任何物品，若有較大空間的迴廊或轉角處可以擺放一些裝飾，但為了行走順暢，需注意擺放的物件不宜過度奇形怪狀，以寧靜的禪定佛像或羅漢像為宜，加上適當的燈光搭配，有穩定氣場的功效。

書房

書房是家中另一個重要的休閒空間，也是家人閱讀與學習的地方，因此以房屋的文昌位來當作書房為首選，若條件不允許，可以在書房角落或書架較高處擺放文殊菩薩、綠度母，或是觀世音菩薩搭配心經圖，都有利於讀書者開智慧、安定心神。倘若小坪數的居家空間，沒有可以當作佛堂或設置佛桌之處，只要書房沒有放置床位的話，就可以將書房視為簡易佛壇，擺放一座小佛龕或小桌子當供奉處，謹記擺設要簡單、空間要明亮的原則即可。

臥室

臥房是我們睡眠休息的場所，不宜擺放神佛像之類的物品。現在小家庭或單身上班族在外租屋或居住在小套房的空間時，若要擺設佛壇則最好選用有木門或櫃子式的佛龕為佳，例如日式佛龕或小佛龕，而且套房裡有廁所，因此可於廁所門上貼掛穢跡金剛法相，以除穢氣，尤其注意平時廁所門必須緊閉，以免招惹爛桃花，影響運勢。

❀ 風水小常識 ❀

臥房有六項禁忌要避免：

1. 避免床正對鏡子
2. 床頭不宜正對門口
3. 睡床上方避免有橫樑
4. 避免床頭緊靠的隔壁空間為灶頭（廚房瓦斯爐）
5. 床頭要緊靠牆，避免有空隙
6. 臥室光線要柔和

 **陽台**

陽台表示房屋主人的前瞻性、應變能力、向外拓展的能力等，而且可以緩衝屋外環境對屋內所造成的各種吉氣或煞氣，若屋外無煞且有吉祥景觀，則陽台以空曠明亮為佳，頂多擺放小盆栽裝飾即可，若有煞氣則必須注意，最好擺放像是山海鎮、八卦鏡或九宮八卦圖等的迴遮物。藏傳佛教所使用的時輪金剛咒牌、九宮八卦圖對以上這些煞氣都有很好的迴遮效果。

⌘ 風水小常識 ⌘

凡住家房屋外的景觀環境，受到山水形勢或其他建築景觀形成的氣，有時會造成壓迫感或危險的，就有可能會形成煞氣，屋外若有下列情況，可以擺放擋煞或迴遮物，以免除煞氣：

1. 陽台外有正對路沖或反弓路等沖煞（朝外可以擺設山海鎮、八卦鏡、藏傳文殊九宮八卦圖）

2. 正對兩棟大樓間的空隙為天斬煞（朝外可以擺設凸鏡、八卦鏡、藏傳文殊九宮八卦圖亦可）

3. 對面房屋奇形怪狀、有各種棱角也要迴遮掉（朝外可以擺設八卦鏡、山海鎮或藏傳文殊九宮八卦圖）正對面為墳場或寺廟建築（朝外擺設凹鏡、八卦鏡或藏傳文殊九宮八卦圖）

第*4*章 靈山淨土
如何設置居家佛堂

　　佛堂是佛教徒在家中舉行宗教儀式的信仰場所，對佛教徒而言，常常會希望能擁有莊嚴的佛堂，供奉幾尊自己所修行法門的佛菩薩或是令自己喜樂的佛像，擺放香爐、供品，平日可做早晚課之用，也可以融合居家生活，創造一個自在悠閒的心靈憩所。

　　佛堂的設置，一般都在客廳、專屬佛堂空間或是書房，就所接觸宗派的不同，擺設不同的佛像或供品，我們依照漢傳佛教、藏傳佛教的信仰，分別介紹常見的幾種佛堂擺設。另外因應現代家庭的小坪數空間與套房空間，簡單介紹日式佛龕的供奉擺設與小佛龕的設置，讓讀者能對佛堂如法的擺設有概括性的了解。

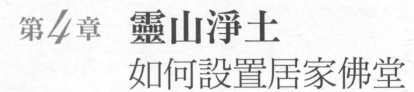 漢式佛堂擺設

　　受到中國傳統文化的影響，漢傳佛教的居家佛堂可以直接沿用供奉神明的神桌擺設，只需要將神像更改為佛像，或者有些家庭會將佛像與神像並列一同祭祀，以及供奉祖先牌位等，這是漢式佛堂的特色。我們將簡單示範佛教的供奉方式以及佛教混合道教或民間信仰的供奉方式。

▋ 一般常見居家佛桌擺設

　　一般居家佛桌擺設通常是一組佛桌，包括一件長條高桌（俗稱上桌）及一件方形矮桌（俗稱下桌或八仙桌），高桌擺放佛像、香爐、供杯、花瓶等常置物品，矮桌平常不使用，只有祭拜時擺放供品之用。漢傳佛教徒會在桌上常備有誦經用的佛經課誦本、念珠、木魚以及磬等法器，桌下擺放蒲團、拜墊。

有些人設置佛堂時，會在牆面掛上神明畫，下方只擺放長條佛桌，不使用方型矮桌，或者為了節省空間而使用佛櫥，佛櫥裡放上神明畫，神明畫前安奉佛像。

教化的佛桌擺設則是將神明畫改為諸如西方三聖、觀世音菩薩等聖像，或放置以《般若心經》、《大悲咒》經文，亦或是單一「佛」字或「禪」字的書法作品作為背景，兩旁有時再加上一幅對聯，簡單卻不失雅緻。

佛桌供奉的佛像一般以單數為主，一或三尊最常見，一般住家少有多於三尊以上，在台灣的習俗認為多尊容易像神壇一樣雜亂，反而容易聚集陰氣，因此供奉佛像以簡單莊嚴為主。

佛像旁通常會擺放花瓶作為供花之用，供花一般以有香氣無異味、無刺無毒的花草為主，由於花草易凋謝，因此有些人擺放萬年青代替，人造花則不建議使用，平時花瓶不用時應該收藏起來。

佛像兩旁可擺放的物品還有光明燈一對，現在常見的有宮燈、水晶蓮花燈等供燈，若是要加供幢、幡等物，也要對稱擺放在佛像兩旁。佛像前擺放供杯，通常以單個供杯或一組三個供杯為宜，每天做早晚課時更換供杯內的淨水。

供香的香爐，大致分為立香爐及臥香爐兩類，傳統民間信仰多用立香爐，佛教則兩種通用，有時甚至會在佛桌上同時擺放兩種香爐。佛桌上應保持整潔，不堆放不相關的雜物，沒有方型矮桌的佛堂會將佛經課誦本立置在佛像的左後方；若有緣請得舍利子等聖物，應該放置在舍利塔內並且供奉在佛像旁；木魚及磬則收藏在佛桌下方的抽屜，若真的沒有空間，佛經課誦本及法器應另外收藏至較高處。

現代的佛桌及佛像通常會依照傳統習俗雕刻吉祥尺寸，因此只需要搭配自家空間合適即可，也可簡單以魯班尺（傳統魯班尺長一尺四寸一分，現在則大多附在加長版的捲尺，上面會標示兩種吉凶尺寸，在上方的為文公尺，用於陽宅、神位等，下方為丁蘭尺，用

✥ 佛教小常識 ✥

❖ **神明畫** 俗稱神明彩、彩仔，一般上方畫有觀世音菩薩，下方左右畫天上聖母、關聖帝君、福德正神、灶神等神明，所以也稱為觀音彩。通常為道教與民間信仰使用，佛教少用。

於陰宅、祖先牌位等）核對吉祥尺寸以作為趨吉避凶的參考。

供奉的佛菩薩聖像常見的有釋迦牟尼佛、阿彌陀佛、觀世音菩薩等，若供奉三尊時，以三寶佛或一佛二菩薩搭配，端看供奉者的需求而請供適合的佛像。大部分一佛二菩薩經常是以釋迦牟尼佛旁侍文殊菩薩與普賢菩薩；或者中間阿彌陀佛或釋迦牟尼佛，兩旁為觀世音菩薩與地藏菩薩；供奉藥師佛則搭配日光菩薩、月光菩薩；或藥師佛旁侍觀世音菩薩、文殊菩薩皆可，沒有特別的禁忌。

▌佛像與祖先牌位佛桌擺設

若家中原有供奉祖先牌位的習俗，設置佛堂時可以連同祖先牌位一併供奉。一般是將祖先牌位擺放在佛像的右邊，在神明畫的部分則區分成兩塊，除了佛像後面原本的經文裝飾外，在祖先牌位後面的背景會用百福圖、百壽圖或單一「福」字或「壽」字作為裝飾。

祖先牌位的供奉要略簡於神佛，例如：供佛三杯淨水，則供祖先一杯水，另外牌位的大小及高度都應略低於佛像，以往供奉祖先的香爐多用方型（神佛用圓爐，代表天圓地方，神尊貴於祖先之意），不過現在很難買到方爐，因此也採用圓爐代替了。

供燈與供花依照背景、對聯搭配，可以神佛、祖先各供一對，或是只在最外側兩旁供奉一對光明燈與鮮花，也是合宜的。

●持珠觀音

日式佛龕擺設

日本佛教文化善用空間及整潔簡單的概念，經常是在和室的一角擺放一個佛櫥或佛龕，日本不同宗派的佛龕設計不盡相同，一般有研究者端看佛龕樣式或供奉的佛像祖師就可分辨信徒的派別；在台灣沒有那麼講究，現在台灣使用日式佛龕的佛教徒除了信仰日本佛教之外，有些是因為日式佛龕的尺寸適中，適合小坪數家庭設置，不需要占用太多空間，也能保有莊嚴秀美之感，因此漸受信眾歡迎。

● 簡易的日式佛龕

標準的日式佛龕

標準的日式佛龕，高度約一人高，會有一對木門，木門內還有像紗窗般的幛子門，裡面才是佛壇，誦經禮佛時採跪坐姿，所以佛像及供品、法器的高度是依序遞減，一般內部最上層是放佛像，兩旁可懸掛幢、幡、瓔珞與常花等物，日式佛龕內的裝飾物多以銅片打造加以鍍金，另外也放五具足或三具足。三具足是指供花花瓶、供燈燭台、香爐各一，五具足則是一對花瓶、一對燭台與一只香爐。

簡易的日式佛龕

簡易的日式佛龕，通常只擺放一或三尊佛像，只有木門而沒有幛子門，供奉的瓔珞、常花及香爐依序高低擺放在兩旁即可，一般常供奉的佛像有阿彌陀佛、大日如來、釋迦牟尼佛、觀世音菩薩、地藏菩薩、不動明王等等，材質多以木雕為主。

現代簡易擺設（小坪數、套房）

　　因為現代化居家空間狹小，市面上逐漸出現許多簡化的方形佛櫥或佛龕，體積小且可移動，對於一般民間信仰或道教來說，家中空間不足只能擺放神佛龕時，只要安置好神位是可以接受的，其擺設與一般佛桌相同，只是佛桌的造型加上類似遮陽棚的架子，同時精簡空間的緣故，下方多會作成抽屜與置物櫃。

　　相對於道教與民間信仰，佛教比較不強調佛像開光後供奉位置的重要性，因此出現一些簡易式小佛龕可供擺放佛像，甚至可以隨身攜帶，這類供奉方式在佛教而言沒有任何禁忌問題，只需要注意不管大小，佛像都是被禮敬供奉的對象，因此不論是否為常設佛壇或經常搬動，都應該隨時將這些聖物、法器置放於乾淨高處。

　　為了避免居住在套房或狹小空間處，會有親密動作或更換衣物、洗澡等日常行為，因此有木門隔板且空間不大的佛龕特別適合擺放在狹小的居住空間，平日不禮佛的時候可以關閉木門，分隔聖凡的界限。如果是懸掛佛畫、唐卡類的物品，可以用綢布遮蓋畫像，甚至不修法時，整個捲收置放於高處即可。

　　小佛龕除了佛像選擇小尺寸之外，供品、供具擺設等並沒有差別，當然佛龕擺放的位置平常不要任意移動，放置的高度約在人站立的胸口以上位置為宜，擺放位置過低，容易因為不小心跨越而造成對佛像的不恭敬，而焚香選擇臥香爐或環香為宜，可以將一般臥香的長度折短，建議每次燒香時間控制在五至十五分鐘為宜，因

● 竹製小佛龕

為人的嗅覺對同樣的味道在十至十五分鐘內就會產生麻痺,焚燒太多的薰香只是吸入太多的煙霧而已。現在還有一些電子薰香爐可使用精油薰香,一樣有供佛的意義及效果,不過精油的品質以天然為佳,切勿使用人工香精。

許多人會有疑惑,覺得任意擺放佛像是否容易引起邪靈入侵,當然這樣的顧慮值得我們思考,一般認為,佛像除了供奉之外,也有藝術欣賞與收藏價值。正式供奉的佛像,除了建議依循傳統進行灑淨開光等儀式之外,擺設上可依照前文所述。另外未進行開光、灑淨,純粹用來欣賞與收藏的佛像,則不建議在佛像面前燃香。因為燃香有時候是一種媒介,如果擺設者本身未能勤修功課,禮佛修心,燃香後反而可能增其罣礙,為避免心生無謂的罣礙,收藏與欣賞功能的佛像,還是純粹欣賞即可,如此較為單純,此種說法提供給各位參考之。

❈ 藏傳壇城擺設

藏傳佛教稱佛菩薩居住的地方為壇城(又稱為曼荼羅,標準的佛菩薩壇城是密宗儀式上所描繪的莊嚴宮殿,其形制規模及佛菩薩的配置都有嚴格的規定),現在也經常借用壇城一詞來稱呼佛寺大殿或居家佛堂,這裡為各位介紹藏傳壇城的擺設,並說明其特色與禁忌。

▎藏傳壇城擺設

標準的藏傳佛教壇城必須具備諸多聖物法寶,供奉的佛像可多可少,一般仍以一、三、五、七等奇數為主,但數量更多時則不重視單雙數的差別,供奉的空間區分有以下幾種:

● 漢式文殊菩薩

1. **身語意三供處**:供奉在佛桌上的中央以諸佛菩薩為主(表示

佛身），佛像的右手邊置放各種經典（表示佛語），左手邊供奉舍利塔（表示佛意）。

2. **三根本（上師、本尊、空行護法）供奉**：中央供奉諸佛菩薩聖像，佛像右側供奉空行護法等忿怒尊，左側供奉自宗上師的法照或聖像，經典則供放於兩側或佛龕上方。

3. **上下層供奉**：若空間不足或供奉聖像過多，可以分層供奉，上方為諸佛菩薩以及上師，較低層為空行護法以及財神等，經典法本仍置放最高處或兩旁。

在設置好佛像之後，香爐、供品等也各有要求。在佛像前應擺設八供養（滌水、飲水、美花、燒香、明燈、塗香、果食、樂音），擺放順序為自身面對佛像方向由左至右，若沒有辦法準備這些供品，則擺放八個供杯皆倒入淨水也可以，倒水時應第一杯先倒八分滿，再由第一杯的水分別略倒一點點至第二杯，再依序將第二杯水部分倒入第三杯，由此類推，在八杯內都有部分供水後，才依序將八個供杯填滿供水至八、九分滿，夜晚收供水時則從第八杯水依序收齊。

● 藏傳佛教的壇城

　　如果加供忿怒尊及護法，會由右至左倒序擺放忿怒八供養，供品中的美花及果食則更改為五根花及忿怒食子，若是只倒水也是如此由右至左，所以如果同時擺放寂靜與憤怒兩組八供養，倒水時靠近佛像的那一排由左至右，第二排則由右至左。

　　前方擺放臥香爐，兩側可隨個人意願多供養曼達、八吉祥、七政寶等象徵吉祥福運的供品。在護法像前方或我們面對佛桌的左方可以擺放一組高低杯盤組成的護法供杯，裡面通常倒滿五穀及葡萄酒或濃紅茶，由於藏傳佛教有許多不同派別，供養護法的方式也略有差異，詳細儀式仍建議請教所信奉的上師為宜。

● 護法杯

▌居家簡易的藏傳檀城擺設

　　若家中已有原本的中式佛桌或神佛像及祖先牌位，並不需要做太多更動，接受藏傳佛教信仰者供奉的佛菩薩聖像通常稍微多一點，由於供奉的佛像增多，依照藏傳壇城的佛菩薩、護法空行等順序供奉即可，佛桌上的經文背景裝飾通常會改掛密教唐卡佛畫，原先備有的香爐可繼續使用或加供臥香爐，一般會將供水杯改成八供養，擺放的法器如原本的木魚及磬可增加或改換為金剛鈴杵及擺放桌上型轉經輪即可。

● 八供養

[附錄一]

 參考書目

李玉珉，《中國佛教美術史》，台北：東大圖書，民90年。

黃春和，《漢傳佛像時代與風格》，北京：文物出版社，2010年。

淨海，《南傳佛教史》，北京：宗教文化出版社，2002年。

藍吉富，《佛教史料學》，台北：東大圖書，2001年。

李鼎霞、白化文，《佛教造像手印》，北京：中華書局，2011年。

李翎，《佛教造像量度與儀軌》，北京：宗教文化出版社，2001年。

門拉頓珠、杜瑪格西‧丹增彭措 著，羅秉芬譯註，《西藏佛教彩繪彩塑藝術——如來佛身量明析寶論、彩繪工序明鑑》，北京：中國藏學出版社，1997年。

大千編輯室，《佛事儀軌》，台北：大千出版社，1999年。

顏素慧，《觀音小百科》，台北：橡樹林文化，2001年。

國家圖書館版本影印本，《諸佛菩薩妙相名號經咒》，北京：中國藏學出版社，2011年。

Robert Beer著、向紅笳譯，《藏傳佛教象徵符號與器物圖解》，台北：時報出版，2007年。

季崇建，《佛像雕刻》，台北：藝術圖書公司，1996年。

渥德爾、王世安，《印度佛教史》，台北：商務印書館，2000年。

方立天，《中國佛教文化》，北京：中國人民大學出版社，2006年。

蓮花生大士，《中有大聞解脫》，許明銀譯，香港：密乘佛學會，2000年。

佛光大辭典編修委員會，《佛光大辭典》，台北：佛光文化事業，1988年。

熊文彬，《中世紀藏傳佛教藝術》，北京：中國藏學出版社，1996年。

則一（編），《中國藏密寶典》，北京：民族出版社，2000年。

楊嘉銘、楊藝，《西藏繪畫藝術欣賞》，台北：山月文化，2006年。

門拉頓朱，《西藏佛教彩繪彩塑藝術》，北京：中國藏學，1997年。

故宮博物院，《清宮藏傳佛教文物》，北京：紫禁城出版社，1992年。

湯吉田，《法相集》，台北：法如企業有限公司。

烏堅喇嘛、策旺尼瑪喇嘛，《善觀聖者身像明燈》，台北，法如企業有限公司，2000年。

久美卻吉多杰，《藏傳佛教神明大全》，青海：青海民族出版社，2004年。

劉立千，《藏傳佛教各派教義及密宗漫談》，北京：民族出版社，2000年。

絡珠嘉措（譯），《蓮花生大師本生傳》，青海：青海人民出版社，1990年。

張宏實等（編），《清宮秘藏》，台北：觀想文物，1999年。

陳百忠，《寂靜與憤怒藏傳佛教文化藝術》，台北：六和文化，2004年。

石庵，《中國佛像藝術》，台北：大地地理，2000年。

達摩難陀、印海、張大卿等，《佛教徒信仰的是什麼》，台北：財團法人佛陀教育基金會，2005年。

[附 錄 二]

 ## 佛像與法器購買情報

台灣北部

❖ 全德佛教文物台北廣場
　⊙地址：台北市光復南路49號
　☎TEL：02-87879050

❖ 全德典藏藝文
　⊙地址：台北市光復南路3號
　☎TEL：02-27423002

❖ 十方佛教文物中心
　⊙地址：台北市師大路156號
　☎TEL：02-23650789

❖ 妙法堂
　⊙地址：台北市四平街55號4樓
　☎TEL：02-25020331・25037776

❖ 藏巴拉佛教文物中心
　⊙地址：台北市民生東路2段104號
　☎TEL：02-2100-1919

❖ 竹苑佛教文物社
　⊙地址：台北市北投區石牌路2段90巷15號
　☎TEL：02-28219346

❖ 嘉南佛教文物有限公司
　⊙地址：台北市大同區酒泉街77號
　☎TEL：02-25930915・25953940

❖ 藏傳佛教文物
　⊙地址：台北市民權東路五段78號
　☎TEL：02-27676698

❖ 台北佛光山普門寺佛教文物流通處
　⊙地址：台北市民權東路三段136號11樓
　☎TEL：02-27121177

❖ 妙音佛教文物
　⊙地址：台北市內湖區成功路4段298號
　☎TEL：02-27915833

❖ 千佛莊佛教文物中心
　⊙地址：台北市大安區信義路三段172號
　☎TEL：02-27096288

❖ 天華出版事業股份有限公司
　⊙地址：台北市士林區忠誠路2段168號
　☎TEL：02-28736629

❖ 佛化人生佛教圖書文物中心
　⊙地址：台北市羅斯福路3段325號6樓之4
　☎TEL：02-23632489

❖ 佛法佛教文物社
　⊙地址：台北市桂林路27號
　☎TEL：02-23311396

❖ 佛教書局
　⊙地址：台北市桂林路41號2樓
　☎TEL：02-23120529

❖ 嘉南佛教文物
　⊙地址：台北市酒泉街77號
　☎TEL：02-25930915

❖ 板橋佛教文物流通處
　⊙地址：台北縣板橋市校前街39巷3號
　☎TEL：02-29563801

❖ 佛光文化事業有限公司
　⊙地址：台北縣三重市三和路3段117號
　☎TEL：02-29800260

桃竹苗地區

❖ 大行佛教文物
　⊙地址：桃園縣蘆竹鄉奉化路204號
　☎TEL：03-3526847

❖ 日豐堂佛教文物精品中心
　⊙地址：桃園市永光街113號（永康街口）
　☎TEL：03-3352596

❖ 慧光佛門文物中心
　⊙地址：新竹市博愛街27號
　☎TEL：035-718929

❖ 慈音佛教文物
　⊙地址：苗栗市中正路924號
　☎TEL：037-320134

台灣中部

❖ 全德佛教文物台中廣場
　⊙地址：台中市文心路一段552號
　☎TEL：0423288786

❖ 名揚佛教文物藝術中心
　⊙地址：台中市中港路二段4-6號
　☎TEL：04-23136185

❖ 佛教永春書局
　⊙地址：台中市南屯區永春東路884號
　☎TEL：04-3846662

❖ 圓堂佛教文物
　⊙地址：台中市西屯區重慶路289號
　☎TEL：04-23160652

❖ 殊勝寶物佛教文物
　⊙地址：台中市西屯區市政路628號
　☎TEL：04-22521301

❖ 彰化佛教文物流通處
　⊙地址：彰化市中正路1段93號
　☎TEL：04-7225502

台灣南部

❖ 禪味佛教文物中心
　⊙地址：台南市開山路201號
　☎TEL：06-2261980

❖ 台南佛教文物流通社
　⊙地址：台南市懷恩街20號
　☎TEL：06-2385281

❖ 文殊講堂—佛教書局
　⊙地址：高雄市前鎮區嘉陵街2號
　☎TEL：07-3307970

❖ 十如是佛教文物
　⊙地址：高雄市光華一路148-39號
　☎TEL：07-7229944

❖ 慈恩佛教文物中心
　⊙地址：高雄市新興區仁愛一街302號
　☎TEL：07-2812050

❖ 滿香園佛教文物
　⊙地址：高雄縣大樹鄉興田村興田路116之12號
　☎TEL：07-6563174

❖ 法緣佛教文物
　⊙地址：高雄市新興區七賢一路82號
　☎TEL：07-2231009

台灣東部

❖ 慧心佛教文物社
　⊙地址：宜蘭縣羅東鎮南寧路24號
　☎TEL：039-58578

❖ 順光佛像中心
　⊙地址：花蓮市中華路264-2號
　☎TEL：038-353705

❖ 東普佛教文物流通處
　⊙地址：台東市博愛路282號
　☎TEL：089-327519

國家圖書館出版品預行編目資料

佛像藝術欣賞與居家擺設 / 蕭宏書、寶髻
編著 -- 初版 -- 臺北市：商周出版：家庭傳
媒城邦分公司發行, 2012.06（民 101）
面； 公分 . --（人與宗教；43）
ISBN 978-986-272-182-7 （平裝）
1. 佛教佛像
224.6 101009214

人與宗教 43
佛像藝術欣賞與居家擺設

編 著 者／蕭宏書、寶髻
企畫選書人／謝函芳
責 任 編 輯／謝函芳

版 權／翁靜如、葉立芳
行 銷 業 務／朱書霈、蘇魯屏
總 編 輯／楊如玉
總 經 理／彭之琬
發 行 人／何飛鵬
法 律 顧 問／台英國際商務法律事務所　羅明通律師
出 版／商周出版
　　　　　台北市 104 中山區民生東路二段 141 號 9 樓
　　　　　電話：（02）2500-7008 傳真：（02）2500-7759
　　　　　Blog：http://bwp25007008.pixnet.net/blog
　　　　　E-mail：bwp.service@cite.com.tw
發 行／英屬蓋曼群島商家庭傳媒股份有限公司城邦分公司
　　　　　台北市 104 中山區民生東路二段 141 號 2 樓
　　　　　書虫客服服務專線：02-25007718；25007719
　　　　　服務時間：週一至週五上午 09:30-12:00；下午 13:30-17:00
　　　　　24 小時傳真專線：02-25001990；25001991
　　　　　劃撥帳號：19863813；戶名：書虫股份有限公司
　　　　　讀者服務信箱：service@readingclub.com.tw
　　　　　城邦讀書花園：www.cite.com.tw
香港發行所／城邦（香港）出版集團有限公司
　　　　　香港灣仔駱克道 193 號東超商業中心 1 樓
　　　　　E-mail:hkcite@biznetvigator.com
　　　　　電話：（852）25086231　　傳真：（852）25789337
馬新發行所／城邦（馬新）出版集團【Cité (M) Sdn.Bhd. (458372 U)】
　　　　　41, Jalan Radin Anum, Bandar Baru Sri Petaling,
　　　　　57000 Kuala Lumpur, Malaysia.
　　　　　電話：（603）90578822　　傳真：（603）90576622　　Email：cite@cite.com.my
文 物 提 供／全德佛教事業機構（02-87879050）、全德典藏藝文（02-27423002）
圖 片 提 供／玳爾室內設計有限公司（02-89926262）、王俊宏室內裝修設計工程有限公司（02-23916888）、
　　　　　高婉瑜小姐私人提供。
美 術 設 計／陳玉韻 • 本體覺設計工作室
攝 影／周禎和
印 刷／韋懋實業有限公司
總 經 銷／高見文化行銷股份有限公司
　　　　　電話：（02)2668-9005 傳真：（02)2668-9790 客服專線：0800-055-365

■2012 年（民 101）6 月 7 日 初版一刷
■2015 年（民 104）8 月 14 日 初版 3.5 刷
定 價／450 元

Printed in Taiwan

城邦讀書花園
www.cite.com.tw

廣 告 回 函
北 區 郵 政 管 理 登 記 證
北 臺 字 第 ０ ０ ０ ７ ９ １ 號
郵 資 已 付 ， 免 貼 郵 票

104台北市民生東路二段141號2樓

英屬蓋曼群島商家庭傳媒股份有限公司城邦分公司　　　收

▼

請沿虛線對摺，謝謝！

| 書號：BR0043 | 書名：佛像藝術欣賞與居家擺設 | 編碼： |

讀者回函卡

謝謝您購買我們出版的書籍！

請花點時間填寫此回函卡，我們將不定期寄上城邦集團最新出版訊息。

姓名：＿＿＿＿＿＿＿＿＿＿＿＿＿＿＿＿＿＿＿＿＿＿

性別：□男　□女　　生日：西元＿＿＿＿＿年＿＿＿＿＿月＿＿＿＿＿日

地址：＿＿＿＿＿＿＿＿＿＿＿＿＿＿＿＿＿＿＿＿＿＿

聯絡電話：＿＿＿＿＿＿＿＿＿＿＿　傳真：＿＿＿＿＿＿＿＿＿＿＿

E-mail：＿＿＿＿＿＿＿＿＿＿＿＿＿＿＿＿＿＿＿＿＿

學歷：□小學　□國中　□高中　□大專　□研究所以上

職業：□學生　□軍公教　□服務　□金融　□製造　□資訊
　　　　□傳播　□自由業　□農漁牧　□家管　□退休　□其他

您從何種方式得知本書消息？

□書店　□網路　□報紙　□雜誌　□廣播

□電視　□親友推薦　□其他＿＿＿＿＿＿＿＿＿＿＿＿＿

您通常以何種方式購書？

□書店　□網路　□傳真訂購　□郵局劃撥　□其他＿＿＿＿＿＿＿＿

您喜歡閱讀哪些類別的書籍？

□財經商業　□自然科學　□歷史　□法律　□文學　□休閒旅遊

□小說　□人物傳記　□生活、勵志　□其他＿＿＿＿＿＿＿＿＿＿

對我們的建議：

＿＿＿＿＿＿＿＿＿＿＿＿＿＿＿＿＿＿＿＿＿＿＿＿＿＿＿＿＿＿

＿＿＿＿＿＿＿＿＿＿＿＿＿＿＿＿＿＿＿＿＿＿＿＿＿＿＿＿＿＿

＿＿＿＿＿＿＿＿＿＿＿＿＿＿＿＿＿＿＿＿＿＿＿＿＿＿＿＿＿＿

＿＿＿＿＿＿＿＿＿＿＿＿＿＿＿＿＿＿＿＿＿＿＿＿＿＿＿＿＿＿